本研究受到国家社科基金一般项目
“基于大数据分析的城市病分类识别与预警优化系统构建研究”资助
项目：19BJL046

中国城市绿色发展研究
RESEARCH ON GREEN DEVELOPMENT OF CHINESE CITIES

中国新型城镇化：
理论、政策与评价

宋涛　赵峥／著

经济日报出版社

图书在版编目（CIP）数据

中国新型城镇化：理论、政策与评价 / 宋涛，赵峥著. -- 北京：经济日报出版社，2023. 8
ISBN 978-7-5196-1304-4

Ⅰ. ①中… Ⅱ. ①宋… ②赵… Ⅲ. ①城市化-发展-研究-中国 Ⅳ. ①F299. 21

中国国家版本馆 CIP 数据核字（2023）第 053863 号

中国新型城镇化：理论、政策与评价

作　者	宋　涛　赵　峥
责任编辑	胡子清
助理编辑	温　海
责任校对	富雪莲　李嘉慧
出版发行	经济日报出版社
地　址	北京市西城区白纸坊东街 2 号 A 座综合楼 710（邮政编码：100054）
电　话	010-63567684（总编室）
	010-63584556（财经编辑部）
	010-63567687（企业与企业家史编辑部）
	010-63567683（经济与管理学术编辑部）
	010-63538621　63567692（发行部）
网　址	www. edpbook. com. cn
E - mail	edpbook@126. com
经　销	全国新华书店
印　刷	北京虎彩文化传播有限公司
开　本	710 mm × 1000 mm　1/16
印　张	12. 25
字　数	151 千字
版　次	2023 年 8 月第 1 版
印　次	2023 年 8 月第 1 次印刷
书　号	ISBN 978-7-5196-1304-4
定　价	68. 00 元

前　言

党的二十大报告中指出：促进区域协调发展。深入实施区域协调发展战略、区域重大战略、主体功能区战略、新型城镇化战略，优化重大生产力布局，构建优势互补、高质量发展的区域经济布局和国土空间体系。推动西部大开发形成新格局，推动东北全面振兴取得新突破，促进中部地区加快崛起，鼓励东部地区加快推进现代化。支持革命老区、民族地区加快发展，加强边疆地区建设，推进兴边富民、稳边固边。推进京津冀协同发展、长江经济带发展、长三角一体化发展，推动黄河流域生态保护和高质量发展。高标准、高质量建设雄安新区，推动成渝地区双城经济圈建设。健全主体功能区制度，优化国土空间发展格局。推进以人为核心的新型城镇化，加快农业转移人口市民化。以城市群、都市圈为依托构建大中小城市协调发展格局，推进以县城为重要载体的城镇化建设。坚持人民城市人民建、人民城市为人民，提高城市规划、建设、治理水平，加快转变超大特大城市发展方式，实施城市更新行动，加强城市基础设施建设，打造宜居、韧性、智慧城市。

党的二十大报告中提出了深入实施区域协调发展战略、区域重大战略、主体功能区战略、新型城镇化战略，把中国城镇化建设提到了新的战略高度。当前，我国的城市建设已经从单纯的城市竞争时代进入了区域协调发展的时代。要解决城市发展不平衡不充分问题，缩小区域、城乡之间的差距，破解城乡“二元”发展矛盾，实现协调发展、共同富裕的中华民族伟大复兴的目标，实施新型城镇化战略是必由之路。源于此，本课题围绕中国的“新型城镇化”问题，分章节重点研究以下几个方面的内容。

第一章　创新发展——城市高质量发展的导向路径。创新是引领城市发展的第一动力，本章报告主要提出要加快城市从要素驱动、投资规模驱动发展转为以创新驱动的高质量发展，主抓城市在产品、技术、治理以及协同方面创新。第一是以品质导向的城市产品创新，报告指出要推动品质导向的城市产品创新，关键要在以下3个方面加强建设：（1）在城市产业方面，要围绕产业链部署创新链并培育新兴产业，与此同时，利用新兴产业的发展推动传统产业的升级，构建城市空间创新体系；（2）在城市环境方面，要意识到人与自然的关系，并强调城市与自然要和谐共生，拒绝“一时的增长”与“增长狂热症”；（3）在城市文化方面，要尊重城市区域文化并将其特色化，不断延续城市的生命活力。第二是以融合导向的城市技术创新，推动城市技术创新。其一要以提升宜业功能为目标，将创新产业化并与城市互动融合发展；其二要以提升宜居功能为目标，将技术创新与社会发展重大需求领域结合，打造城市智慧化发展。第三是以多元导向的城市治理创新。报告指出现今城市创新活动仍主要靠政府主导，城市缺乏自身能动性，在现代城市治理中治理主体应多元化，主力方式上结合现代信息技术，在治理效果上以社会和公民为导向。（1）形成良好稳定的制度基础；（2）促进城市政府治理能力现代化；（3）尊重市民权益；（4）重视社会组织培养；（5）推动电子治理。第四是以开放导向的城市协同创新，城市高层次的发展仍需加强城市区域间协同创新，保障城市长期高质量发展，实现协同创新要加强群体协同、战略协同、城乡协同与国际协同。

第二章　科技驱动——智慧型城镇化的逻辑与支撑。报告主要以智慧城市为研究对象，详细剖析智慧型城镇化的建设方案。首先，报告指出绿色科技是中国建设“智慧城市”的重要驱动力；其次，报告重在理顺建设“智慧城市”的四组关系，包括“智慧”与“智能”的关系、“政府”与“市场”的关系、智慧城市建设中“全面开花”与“典型示范”的关系以及公共服务领域的共享发展与私人服务领域的跨越式发展的关系；最后，报告强调要将“智慧城市”与“五大发展”理念有机融合：创新是建设“智慧城市”的前提与首要任务；协调政府与市场的关系，鼓励社会力量参与社会建设，实现政府引导，多方参与管理的发展模式；推动城市绿色可持续发展；对内“腾笼换鸟”与对外“一带一路”结合，坚持开放发展；着力推动公共服务产品实现共享发展。

第三章　绿色发展——践行两山理论推进生态文明（以北京市为例）。报告总体从三个角度切入构建践行“两山论”的评价指标，并根据测算结果详细评价北京市以及省际间践行“两山论”的效果。报告首先选择 3 个一级指标，包括绿色发展协调性、资源环境承载力、产业发展新动能，9 个二级指标以及 20 个三级指标构建指标体系评价北京市践行“两山论”的效果；其次，对北京市 2011—2017 年“两山论”践行的综合指数进行排名，并从绿色发展协调性、资源环境承载力、产业发展新动能三个方面分析北京市的变化情况，深入分析北京市践行“两山论”较为优异的三点原因；最后，报告比较省际间“两山论”践行效果。

第四章　双碳约束——打造低碳宜居城市空间格局。本章构建了城市绿色竞争力的评价体系并实证分析城市绿色竞争力的影响因素及其空间演化特征。首先，构建城市绿色竞争力评价指标；其次，利用 2010 年、2013 年、2015 年、2018 年、2020 年数据实证检验碳排放对城市绿色竞争力的影响，经过一系列方法稳健性检验后，显示回归模型较为稳健；再次，将城市类型分为沿海城市与内陆城市，实证检验不同城市类型对于模型结果的影响；从次，分析城市绿色竞争力进行时空格局演变特征，从全局莫兰指数与局部莫兰指数进行空间自相关分析；最后，结合上述分析提出研究结论与相关对策建议。

第五章　以人为本——构建人才友好宜居的城镇化。高质量城镇化建设离不开人才的支撑，坚持“以人为本”，建设人才友好型城市，是推动城市高质量发展的内在要求。报告首先介绍友好型城市的概念及理论渊源，并强调人才对于现代城市发展的建设作用，随后强调构建“人才友好型城市”的理论价值与政策价值，并深入剖析“人才友好型城市”的五维内涵，主要包括：环境友好、制度友好、发展友好、民生友好和文化友好，而要想构建“人才友好型城市”需要遵循以下现实路径：（1）“谋”字开路，加强人才友好型城市战略规划；（2）“改”字当先，破除城市人才发展体制机制壁障；（3）“用”字立基，拓宽城市人才成长和价值实现平台；（4）“优”字入手，提升城市人才公共服务品质；（5）“融”字支撑，营造城市爱才敬才文化氛围。

第六章　共同富裕——超大城市的挑战与解决路径（基于北京的调查研究）。本章梳理总结了典型的超大城市北京推动共同富裕的主要做法和成效，并结合北京推动共同富裕面临的问题和挑战，形成相关政策建议，以为全国城市推进共同富裕提供参考和借鉴。报告指出六点北京推动共同富裕的经验与成效：（1）人才创新驱动高质量发展，夯实城市共同富裕的动力基础；（2）促进城市就业和产业匹配，提高初次分配劳动份额；（3）各类城市资源倾斜投向薄弱地区，强化再分配导向；（4）推动城市基本公共服务“扩围提质”，保障促进社会公平；（5）深挖城市文化资源宝藏，推动人民群众精神富裕；（6）树立到基层一线解决问题导向，满足市民多元化诉求。在取得成效的同时也面临了一系列问题与挑战，如“农村居民大多还属于低收入群体”“中等收入群体发展仍存在脆弱性”“行业间的收入差距依然偏大”“民生领域还存在不少短板和弱项”，最后依据文中分析的问题与挑战从多角度提出推动超大城市实现共同富裕的主要路径。

第七章　城市更新——推进城市高质量转型和升级。报告主要从城市更新视角出发，分析城市文化活力对于城市更新的重要性。报告首先对发达国家的城市更新政策进行梳理与对比，进而将视角转向国内城市更新政策体系建设，并对我国城市更新政策体系提出相关建议。随后，报告指出城市更新不仅是城市存量空间重构与价值提升的过程，更是城市文化的传承与创新，因此报告在后文重点分析城市更新中的文化活力，包括其多个维度，如从历史维度来看，城市更新迫切需要强化文化传承性；从比较维度来看，城市更新迫切需要强化文化差异性；从治理维度来看，城市更新迫切需要强化文化包容性。除此之外，深入剖析城市文化活力的形态特征表现，如其价值形态、空间形态、经济形态以及社会形态特征，最后指出现阶段我国城市更新中面临的文化活力问题以及相关对策建议。

第八章　产城协调——产业发展与城镇化绿色融合。本章主要从制度的角度对中国绿色工业化和绿色城镇化的协调发展进行实证检验。首先报告梳理中国绿色工业化与绿色城镇化的逻辑关系，绿色工业化从经济效应、资源环境以及社会效应方面推动绿色城镇化发展，而绿色城镇化从三方面反之拉动绿色工业化。作为中国可持续发展的两大动力，二者协调发展至关重要，因此报告从三个角度厘清限制绿色工业化与绿色城镇化协同发展的因素，一是正式制度，主要包括户籍制度、土地制度、社会保障制度；二是非正式制度，主要包括一些风俗习惯、宗教信仰等方面；三是二者互动的实施机制，包括各级政府之间协调合作，共创共建。

第九章　高质量发展——建立城镇化质量评价体系。本章第一部分构建了城镇化质量评价体系，选取了22个指标等权测算中国城镇化质量评价体系。第二部分从全国整体、各省份、各区域城镇化质量进行评价分析城镇化质量发展。第三部分利用2006—2016年数据实证分析城镇化质量的空间演变差异及影响因素研究。首先进行城镇化质量的空间差异相关性检验，并构建误差修正模型实证检验对城镇化质量的空间影响因素，对影响因素的城镇化质量差异进行详细解释，最终结合研究结论提出相关研究背景。

第十章　县域城镇化——有效固化人口实现乡村振兴。乡村振兴战略和县域城镇化发展是解决“三农”问题、改变现有农村空心化问题，进而破解城乡二元结构的重要契机。本章重点研究县域城镇化发展究竟是否会出现以后城镇化发展过程中对农村劳动力的虹吸效应？县域城镇化发展过程中，怎样有效地优化农村劳动力流向，提升农村人力资本，并合理固化农村劳动力？本章尝试对这些重要问题给出了自己的一些思考。

目　录
CONTENTS

第一章

创新发展

——城市高质量发展的导向路径

创新是引领城市发展的第一动力。当前我国城市应以提高城市发展质量和效益为中心，通过推动品质导向的城市产品创新、融合导向的城市技术创新、多元导向的城市治理创新和开放导向的城市协同创新，提升城市持续发展能力。

从城市发展史上看，城市经济社会发展的驱动力主要来自量的增加和质的改善两个方面。其中，“量的增加”主要体现为人口、土地和资本等传统要素投入量的累积而推动城市经济社会发展；“质的改善”则强调通过创新优化发展质量，促进城市经济社会发展。在城市经济社会发展的演变过程中，由于两种驱动力作用力度和地位的不同形成了要素驱动、资本驱动和创新驱动等不同类型的驱动结构。当前，我国城市发展已经普遍进入新常态，不同程度地面临着既要保持经济稳定又要转型发展的双重任务。在新的形势下，破解城市发展瓶颈制约，引领经济新常态，关键是要加快城市从要素驱动、投资规模驱动发展为主转向以创新驱动发展为主。

一、品质导向的城市产品创新

城市是为人类发展服务的综合栖息地，蕴含了人类对高质量的城市生活方式的向往与希望。推动城市创新，关键要有高品质的城市产品。目前，我国城市具有浓郁的规模增长依赖特征，在依靠投资和规模拉动城市发展的传统思路引导下，主要注重城市经济规模的增长，而在提供持续、稳定和高质量的城市产品和服务方面则缺乏足够的重视。从长期看，城市创新必须着眼于提供城市产品和服务的体制机制改革，充分了解和认识城市内外投资者、消费者对城市发展的现实和潜在需求，通过创新优化供给结构，提升城市综合产品的供给能力和质量，构建富裕繁荣、环境宜居和社会和谐的品质城市。未来，推动品质导向的城市产品创新，关键要在以下 3 个方面加强建设。

1. 城市产业

城市的繁荣并非来源于增长本身，而是取决于城市采取什么样的增长模式。推动品质导向的城市产品创新，需要把物质增长视为可考虑使用的工具而不是永久的使命，更多选择那些能满足重要社会目标并能强化可持续性的增长类型[1]。重点挖掘支撑城市新常态发展的创新动力，围绕产业链部署创新链，加快优化产业结构，培育新兴产业增长点，大力发展由网络技术和通信技术融合催生的新兴服务业，推动服务业新业态、新产品和新模式发展，提升现代服务业发展水平。同时用高新技术和先进适用技术改造推动传统产业的升级，并注重城市创新空间结构的优化，打造一批特色鲜明、功能完善和布局合理的创新产业园区，构建城市空间创新体系。

2. 城市环境

伴随着全球可持续发展理念的传播，人类发展要尊重和保护自然的观点已在全球范围内达成共识，并形成了联合国《2030 年可持续发展议程》这样的行动纲领。在各国城市发展实践中，越来越多的领导者和公众意识到，城市发展最重要的不再是有利投资的可得性，而是有利投资无限延续的结果。大自然虽然极其慷慨，但也很脆弱，存在着不可逾越的界限，如果超过这些界限而出现生态超载现象，自然系统的基本完整性将受到威胁，并会危及城市生存。同时，影响城市发展的人才对自然条件的要求也较高，越是高端人才和产业越需要高质量的生态环境。推动品质导向的城市产品创新，不能染上“增长狂热症”而忽视经济增长背后的“生态代价”和社会福利损失，应重点强调城市与自然共生、共处、共存、共荣，直面城市资源过度开发、环境严重污染的危机与挑战，减少城市扩张和资源损耗，修复自然生态系统，积累城市生态资本和生态财富，提高城市绿色发展能力，结合城市自身的气候特征、地理特征和资源禀赋，通过合理的区域资源环境配置和完善的资源环境保护及利用体系，增强城市人口、产业、社会与自然生态系统的适宜性，提升城市生活品质。

3. 城市文化

维持城市长久繁荣最终在于文化。推动品质导向的城市产品创新，重点应结合城市的历史传承、区域文化和时代要求，打造富有特色的城市精神，在城市规划、空间组织和设施布局上，突出城市特色，强化城市风格。同时要特别重视城市共同文化意识的塑造，增强城市社会接受度，为不同民族、文化和信仰的人们提供和谐共处的空间，体现不同地域、不同性别和不同群体的机会公平和权利公平，促进城市居民在多样化发展中相互尊重、彼此借鉴与和谐共存，保持城市持久活力和生命力。

二、融合导向的城市技术创新

科学技术是一个独立的生产要素并具有溢出效应[2]。当前，技术创新的主要成果是以互联网为中心的信息通信技术的发展与应用，这种资源物理形态的变化，同时带来了其生产、传递、交流和分享等诸多方面的深刻变化，因此对整个社会也产生了深远影响。在日益频繁的城市创新活动中，技术扮演着越发重要的角色，其不仅是城市创新的主要内容，更是实现城市功能的重要手段，应更加注重结合宜业宜居功能，推动融合导向的城市技术创新。

1. 以提升宜业功能为目标

围绕城市经济和产业发展需要，加速城市创新要素聚合、裂变与知识外溢，推进科技创新与商业模式创新、服务流程创新结合，推动创新与产业、城市互动融合发展。同时推动城市科技创新活动与城市创新创业环境营造一体化，立足城市整体创新功能提升，营造开放、公平和创新导向的城市创新创业环境，为城市企业或个人提供创新发展的稳定规则和预期以及良好的生产生活环境，有针对性地破除科学家、科技人员、企业家和创业者创新的制度障碍。推动产学研深度融合，实现创新成果同产业对接，创新项目同现实生产力对接，研发人员创新劳动同其利益收入对接，形成有利于产出创新成果、有利于创新成果产业化的新机制。

2. 以提升宜居功能为目标

重点依靠技术创新，优化城市宜居功能的内涵，着力推动食品安全、农业科技、医疗卫生与健康、科技交通和城市安全与应急保障等“城市病”重点领域的技术研发与集成示范，围绕城市居民最关心的民生和社会发展重大需求，减少“限购”“限行”“涨价”和“收费”等纯政府或纯市场的手段，推广和应用一批新技术、新产品和新工艺，大力拓展智慧健康、智慧教育、智慧养老和智慧文化建设，建立医疗信息服务平台、智能交通信息服务平台和养老公共服务信息平台等应用体系，创造智能、便捷的城市生活。

三、多元导向的城市治理创新

一个富有竞争力的城市是集聚性、多样性、不稳定性和良好声望的结合体[3]。目前，我国城市社会创新活动在组织和管理方面已经取得了积极进展。但同时，城市创新活动仍然在相当程度上依靠政府主导，在社会创新方面表现尤为突出。尽管政府主导在现实中比较容易推动项目落实和动员组织资源，但单纯政府导向的社会创新过程，往往受城市政府自身利益的影响，不能充分体现多元化的诉求，缺乏自我改进的动力。从长远来看，开展城市社会创新，需要创新治理方式，在治理目标上积极应对现实城市公共事务越来越突出的复杂性、多样性和动态性特征，更好地兼顾各方，维护整个社会的共同利益，实现协调发展。在治理主体上，应破除政府单一中心论思维，统筹政府、社会和市民三大主体，强调各主体之间相互联系与依赖，动员公民和非公组织广泛参与；在治理方式上，强调现代信息技术的应用与普及；在治理效果上，从效率和效益导向转为社会和公民导向，更加注重治理结果的公平正义，通过"好的治理"真正实现城市共治共管、共建共享。而从治理的概念与理论来看，相关方面共同参与是治理相对于传统统治或管理最重要的突破，也是其他目标实现的前提条件，突破政府单一主体、实现多元化是现代城市治理的首要特征，也是推动城市社会创新的关键环节。

1. 形成良好稳定的制度基础

城市社会创新效果取决于其制度供给质量。国际经验表明，具有自由、民主、平等和法治等特征的包容性制度会产生创新型社会，而专制集权的官僚体制、封闭禁锢的社会结构会产生榨取型体制，影响创新从而导致经济社会难以持续增长。要塑造现代化的城市形象，需要进一步推动改革，不断革除权力腐败、决策失误、封闭保守和低能低效等公共管理弊端，激发社会创新活力，夯实现代城市治理的制度基础。

2. 促进城市政府治理能力现代化

一是要推进城市政府治理的有效性。即城市政府主动通过体制和组织转型，使得机构设置合理、程序科学且管理灵活，决策水平、执行能力与工作效率大幅提升，并对市民的各项发展需求做出及时和负责的反应。二是城市政府治理要具有透明性，在保护隐私权的基础上，尽可能地做到信息及时公开，让市民更好地了解信息，并能够实际利用信息。三是长远规划和设计。在城市创新发展的过程中，在当下行动与未来目标之间做出公平合理的权衡取舍，长远规划各类城市物质和精神资源开发、利用的边界和尺度。

3. 尊重市民权益

推动多元导向的城市治理创新，尊重城市居民对城市发展决策的知情权、参与权和监督权，拓宽市民参与城市发展项目设计、规划、执行和反馈全过程的范围和途径，在各项城市建设的活动中认真倾听居民的利益诉求，调动全体市民的积极性、主动性和创造性，使市民能够积极融入，实现平等协商和合作共赢，通过增强市民权益获得感提升城市的创新水平。

4. 重视社会组织培养

随着市场经济的深入推行，城市公民意识的广泛觉醒和民间力量的迅速壮大，代表各类群体利益的社会组织开始大量涌现。这些社会组织具有贴近弱势群体、专业性强、善于沟通、勇于创新和社会形象良好等优势，在城市公共事务的决策和处理中发挥着积极作用，为城市治理的实施提供了新的主体力量和经验积累。推动多元导向的城市治理创新，需要大力扶持各类城市社会组织发育成长，鼓励社会组织就涉及城市社会创新发展的措施和方法提供咨询、建议和指导，对影响城市社会创新发展的重要问题进行科学研究，对城市社会创新的具体行动和活动进行组织和开展。

5. 推动电子治理

信息网络技术不仅在一定程度上改变了城市发展的空间和经济形态，更改变了城市生活和社会组织方式。推动多元导向的城市治理创新，需要城市治理适应分散化、透明化、便捷化和电子化的趋势，改变治理理念和模式，创新治理手段，以公开、分享和共建为主线，更好地利用大数据、互联网和新媒体等现代信息技术工具，贯彻公共服务和“以市民为中心”的理念，建设标准统一、功能完善和安全可靠的信息网络基础设施，建设高效快捷、功能完善、便民利民、覆盖面广且安全可靠的智慧型城市运行系统，对城市发展过程中遇到的问题进行智慧的感知、分析和应对，使信息能够在政府部门之间、政府部门与公众之间自动流转、便捷反馈和有效共享，走电子治理之路。

四、开放导向的城市协同创新

长期来看，城市发展最终仍须建立在良好的城市网络关系基础之上，需要不同规模、层次和功能的城市彼此合作与支撑，共同为城市整体的福利做出贡献[4]。各城市主体传统的单打独斗、各自为政的城市封闭发展方式不仅要承担高额的资金投入和时间成本，面临“孤掌难鸣”的困境，而且往往进行了大量投入却收效甚微。城市创新不是一城一地的事，在都市圈、城市群快速发展的今天，更应在开放中整合区域资源，开展协同创新，实现城市创新的单点突破向协同发展、体系化推进转变。

1. 群体协同

积极推动开放导向的城市协同创新，以城市群、都市圈为重点，以现有和潜在资源链、产业链、价值链和创新链为依托，推动城市群、都市圈不同区域、不同能级的城市实现分工协作、错位协同，在城市创新发展中联合行动、共同进步。

2. 战略协同

推动开放导向的城市协同创新，应充分考虑国家“一带一路”、长江经济带和京津冀协同发展等重点区域战略的影响，在规划设计和实施机制上做出统一安排，以城市为核心，打破行政区划限制和经济、文化、旅游等资源相互切割、管理标准不一、政策机制不一的体制弊端，统一区域准入和管理标准，实施区域信息共享，在国家区域重大战略框架下共同推进城市创新发展。

3. 城乡协同

城市创新发展不能加剧城乡分割而应加速城乡一体。建议加强城乡规划统筹，促进城乡经济、文化等方面的交流融合，推进城乡创新一体化进程。

4. 国际协同

推动城市创新，要充分把握全球城市发展的方向，通过学习交流、共同合作和联合推广等多种形式，凝聚、整合和利用全球人才、资本及技术资源，将“走出去”与“引进来”相结合，培养一批中国城市成为全球城市创新网络的枢纽和节点城市，在世界产品、技术标准方面走在前列，凸显中国城市的国际创新影响力。

第二章

科技驱动
——智慧型城镇化的逻辑与支撑

城市是人类文明的结晶，城市让生活更美好。随着经济社会的不断发展，城市的功能也越来越强大。但是，伴随着城市的快速发展，我国开始出现日益严重的城市病问题。可以说，寻求城市的持续发展是在人类生存和发展受到严重威胁后，使得人们不得不回过头来认真审视人类过去的行为和关于发展的观念的情况下提出来的，是人类对发展模式进行反思的结果。要解决发展路上的各种问题，实现城市可持续发展，建设“智慧城市”已成为不可逆转的历史潮流。2008 年 11 月，IBM 提出了“智慧地球”这一理念；2010 年以来，“智慧城市”一词正式出现，并引发了智慧城市建设的热潮。

一、绿色科技是中国建设“智慧城市”的重要驱动力

建设“智慧城市”，需要资源节约型、环境友好型的科技技术体系，需要运用绿色科技解决经济发展中的新问题，这会对科技提出更高的要求，同时也为科技发展提供方向，绿色科技也就在这一过程中应运而生，并逐渐成为智慧城市建设的重要驱动力。

绿色科技贯穿于产品的设计、生产、消费和处理全过程，绿色技术创新在原则理念上能最大限度地减少工业技术对环境造成的危害以及随之导致的对人类健康的损害。传统的生产方式主要依靠在生产过程的末端安装废弃物净化装置，采用机械的、物理的、化学的和生物的方法，

对废水、废气、废渣进行净化处理。这种方法将环境保护的重点放在生产的末端，对生产过程中产生的污染物控制力度较低。绿色科技驱动绿色发展强调从产品的研发、材料设计、生产、后期处理等全过程，包括资源综合利用技术、清洁生产技术、废物回收和再循环技术、资源重复利用和替代技术、污染治理技术、环境监测技术以及预防污染的工艺技术等绿色技术支持，这些绿色技术是构筑绿色经济的物质基础，是绿色发展的技术依托。绿色科技着眼于绿色设计、绿色制造、绿色消费、污染处理的全过程，运用绿色技术可以从根本上消除造成污染的根源，实现集约、高效、无废、无害、无污染的绿色生产。

（一）绿色科技是“智慧城市”建设的关键所在

目前，国外对于城市发展科技战略的研究范围广泛，其中，在城市发展的科技支撑战略、产业技术路径探索和绿色科技发展决策模拟三个方向的研究得到了广泛重视，各国在这些领域都展开了积极的探索，一系列成果和政策相继出台，不断丰富人们对智慧城市发展科技战略的认识。

科技创新是城市发展的关键，尽管国内外学者的研究视角不尽相同，但是，绝大多数学者都认为科技创新带来的技术进步是城市发展的坚实基础，在智慧城市建设的大背景下，坚持完善科技创新体制，实施更加科学的科技创新战略，才能进一步激发智慧城市的建设活力。进入21世纪以后，各国在城市发展的科技支撑战略方面展开了大量的研究和实践。2009年9月，美国联邦政府发表了《美国创新战略（2009）》，将新能源技术开发和应用列为国家未来发展的重点领域，计划在未来10年内积极参与国际合作，充分利用全球可持续发展的浪潮，凭借强大的科技创新能力，全面提升美国在全球新能源产业中的竞争力。2009年6月，日本政府公布了《未来开拓战略》，该战略将低碳革命作为重要支柱，推动日本实现绿色发展，提升国际竞争力。2010年，欧盟公布了《欧盟2020战略》，该战略规划了欧盟在下一个十年中的发展重点，其中包括“通过提高能源使用效率和竞争力实现可持续发展”。上述各国的战略一方面满足了智慧城市建设的需求，另一方面释放了强大的科技创新潜力，刺激了经济增长。这显示出科技支撑战略对于经济社会发展具有广泛而深入的积极作用。

（二）发展绿色科技首先需要进行三个方面的创新

提升绿色科技水平是一个系统工程，既要有发展理念创新，又要有技术创新，要切实加强理念创新、体系创新、能力创新，促进绿色科技水平提升。

首先是发展的理念创新。提升绿色科技水平，要转变发展理念。传统经济增长模式下对资源的大量掠夺性开采和巨大的浪费，致使生态平衡遭到严重破坏，导致环境污染和一系列其他问题，城市的发展需要尽快实现向“绿色”的跨越式转变。绿色科技是改变以传统工业技术为核心的粗放型发展方式的重要保证，有助于提高自然系统中的资源利用效率与环境治理能力，在促进经济增长的同时，确保维持良好的自然生态环境，绿色发展的这种理念无疑恰好符合人们对未来发展的期许和愿望。

其次是加强绿色体系创新。绿色科技是智慧城市建设的重要驱动力。要努力构建并逐步完善科技创新体系，建设以企业为主体、市场为导向、产学研相结合的技术创新体系，全面提升企业的自主创新能力，建立产学研创新体系，充分发挥科研院所、高等院校在促进产业结构调整和高新技术产业发展中的重要作用，构建特色各异的区域创新体系也至关重要，区域创新体系要着重于区域与国家创新力量的有机结合，提升科技创新水平对智慧城市的支撑作用。

最后是提升科技创新能力。在智慧城市建设的大环境下，提高科技创新能力是客观需要的，要从科技投入和人才培养方面下大功夫。加大科技投入力度，尤其要加大节能减排、清洁生产等方面的技术资金投入，设立研发、应用方面的专项基金，加大科技研发力度和科技成果转化力度。大力推动绿色科技的示范推广，在资源、能源、环境、先进制造等各领域开展绿色科技示范，通过示范效应将更多的科技研发成果转化到实际生产过程中。同时要加强科技人才培养，加强培育一批绿色科技创新人才和创新团队，为智慧城市的发展奠定良好基础。

（三）绿色科技为“智慧城市”建设提供有效支撑

绿色科技为智慧城市发展提供技术支撑，智慧城市建设必须以技术创新为前提。高成本、低收益、竞争力缺乏是绿色产业发展面临的主要障碍，智慧城市发展需要绿色技术创新，积极采用无害化的新工艺、新技术，实现少投入、低污染、高产出，尽可能把污染物的排放消解于生产过程之中；需要通过技术变革，降低单位成本，提高经济竞争力，使资源的再利用有利可图。为了有效地解决资源能源危机和环境破坏问题，推进“智慧城市”建设，必须将技术创新与生态学结合起来，实现技术创新的生态化转变，转向绿色技术创新。绿色技术创新是推动经济转变的重要手段，确保经济能源与生态环境的共赢发展，加快形成资源节约型和环境友好型的经济发展模式，实现从传统粗放型的掠夺式发展走向节约型的和谐式发展道路，最终加快社会主义生态文明建设。

支撑传统发展模式的科学技术是一把“双刃剑”，既促进经济增长，也造成资源过度消耗和环境破坏，带来严重的资源环境问题，而传统发展带来的问题需要通过科技的进一步发展来解决，绿色科技就是解决这些问题的有效手段。绿色发展要求良好的社会制度环境作保障，这种良好的制度体系为技术的创新提供了有力支撑，政府的制度创新和政策支持对绿色科技创新活动具有明显的激励效应和导向作用，同时，制度的创新能够在一定程度上降低企业创新活动的交易成本和风险、减少不确定性，促进企业积极参与科技创新活动。绿色科技重点关注的是技术水平的进步和应用，指对减少环境污染，减少原材料、自然资源和能源使用的技术、工艺或产品的总称。大力发展绿色科技，要从企业生产方式出发，充分开发利用绿色技术，建造绿色企业，发展绿色生产，促进智慧城市建设。

"智慧城市"发展是一个动态发展的过程，城镇化是每个国家不可逾越的发展阶段，对整个经济社会有着巨大的影响，建设智慧城市其实就是实现从传统发展到绿色发展的最佳路径。因此，智慧城市的建设应致力于提高城镇化的效率，尤其是要实现资源合理利用和环境质量的提升。通过科技进步和技术创新，鼓励资源节约型和环境友好型产业的发展，抑制高污染高能耗产业的扩张。将资源成本内化到企业的生产活动中，必将促使企业在生产过程中追求技术的更新和资源使用效率的提高；将环境污染的成本内化到企业的生产活动中，必将迫使企业寻求降低污染以减少成本的方法，这些都将促进经济增长的效率和质量提升。

二、建设"智慧城市"亟须理顺四组关系

我们认为，建设"智慧城市"势在必行，但首先一定要理顺以下四组关系。

（一）"智慧"不是"智能"，以人为本是智慧城市建设的出发点和落脚点

第一组关系，也是我认为最重要的一组关系，即"人"与"技术"

的关系。目前，我国普遍理解的“智慧城市”是一种城市的“智能化”，是城市发展中互联网、物联网的广泛运用和信息化的不断推广。但是请注意，“智慧”不是“智能”，“智慧城市”建设绝不仅仅是城市的智能化。技术装备可以引进和仿造，但人的素质和创新能力的提高绝非一朝一夕所能达到。试想，在中国一个所谓发达的大城市中，人们使用的都是国外的智能技术和产品，中国的百姓充其量就是一个熟练的技工和国外产品的消费者，怎能说进入到“智慧”的阶段？

因此，我们必须要注意到，建设“智慧城市”的出发点和落脚点都是“人”。“人”是生产活动与城市建设中最核心的要素，人的素质高低直接影响城市建设和发展的水平。党的十八届五中全会把“创新发展”作为发展的首要方面，建设智慧城市，首先要做到人的“智慧化”，而“智慧城市”的建设成果最终也要由“人”来享有，使城市中的人获得更美好的生活，促进城市的和谐、可持续发展。这也就是“智慧城市”建设中的“以人为本”。

（二）理顺政府与市场的关系，激发市场的活力，发挥市场的决定性作用

目前，我国的“智慧城市”建设总体来说虽然还处在探索阶段，但各地对于建设“智慧城市”的热情却异常高涨，已经到了近乎危险的程度。细细想来，我国对于“智慧城市”的建设可以说是“剃头挑子一头热”——市场不热政府热。

一方面，一些地方政府对于什么是“智慧城市”理解得并不清晰，甚至认为把原有的产业规划、城区规划贴上“信息化”“云计算”“大数据”的标签就成了“智慧城市”的规划。很多地方政府缺乏智慧城市宏观指导，建设方向把控能力不强，甚至为了政绩考核，盲目跟风上项目，

往往致使智慧城市成为空谈，造成资源的极大浪费，并滋生了大量的腐败现象，出现了大量的“豆腐渣”工程。

另一方面，在实际的建设过程中，由于“智慧城市”的建设工程大多具有公共物品（服务）的属性，即大多具有投资规模大、建设内容多、运行周期长、风险高等特点，鲜有企业愿意真正涉足其中，即使有，很多也是“挂羊头卖狗肉”，甚至有些企业美其名曰建设智慧城市，实则变相做起了房地产。

政府可以引导产业的发展方向，但却很难规划城市和社会的发展模式。靠市场力量自发形成的长三角、珠三角为什么比靠行政力量规划出来的京津冀更有活力？这难道不值得我们反思吗？因此，我认为中国“智慧城市”的建设发展需要理顺政府与市场的关系，培育形成一个成熟的市场机制，能真正发挥市场的决定性作用；而政府则应在制度保障和法律约束上发挥作用。

（三）“智慧城市”的建设要注意“全面开花”与典型示范的协调，宁缺毋滥

据了解，2015 年 4 月 7 日，住建部和科技部公布了第三批国家智慧城市试点名单，确定北京市门头沟区等 84 个城市（区、县、镇）为国家智慧城市 2014 年度新增试点，河北省石家庄市正定县等 13 个城市（区、县）为扩大范围试点，加上 2013 年 8 月 5 日对外公布 2013 年度国家智慧城市试点名单所确定的 103 个城市（区、县、镇）为 2013 年度国家智慧城市试点，以及住房城乡建设部此前公布的首批 90 个国家智慧城市试点，我国国家智慧城市试点已达 290 个。

看到我国的“智慧城市”建设“百城争鸣”“全面开花”，我却很难有太多的欣喜，相反，我对此感到隐隐的担忧。在可以预见的时间内，

很难让我想象，一些远郊区县或经济发展较为落后的县市区，是以何种模式实现“智慧”的。“智慧城市”这顶帽子，难道是每个城市都能戴得起的吗?

发展“智慧城市”的前提是不能脱离各地发展的实际。我国目前相当一部分地区的发展基础相对落后，全面推行“智慧城市”时机尚未成熟。而且，目前对于“智慧城市”缺乏有效的考核指标，还没有一定的标准来评价一个城市是否智慧。在这种情况下，我认为与其“全面开花”，不如有选择性地进行试点，允许和鼓励一些有条件的城市先行先试，跟上国际步伐，并形成示范和带动作用，最终通过溢出效应带动周边城市实现共同发展。另外，在“智慧城市”建设过程中，还要注意努力实现不同量级城市发展的相互协调，避免出现城市间差距过大、功能不匹配、发展灯下黑等现象。

（四）公共服务领域的共享发展是重点，兼顾私人服务领域的跨越式发展

我们知道，在生产活动中，区分“私人物品（服务）领域”和“公共物品（服务）领域”。在“智慧城市”建设中也是如此。

我认为，在当前的发展阶段，“公共物品（服务）领域”应当是我国“智慧城市”建设和发展的重点。党的十八届五中全会首次提出“共享发展”的理念，这是我国发展理念的巨大进步。地方政府应通过实行智慧政务，发展智慧产业，建设智慧城区，创建智慧交通和物流体系，形成智慧社会管理体系，培育智慧健康保障、安居服务和文化服务体系，最终形成完善的智慧公共服务体系，最大限度上做到“智慧城市”的发展成果由百姓共享。同时，为了激发创造性和满足高端市场的需求，可以兼顾高端私人服务领域的发展，实现我国在高端私人产品和服务领域的跨越式发展。

三、建设“智慧城市”需与“五大发展”理念有机融合

党的十八届五中全会通过的《中共中央关于制定国民经济和社会发展第十三个五年规划的建议》，树立了创新、协调、绿色、开放和共享发展理念，“五大发展”理念，为“十三五”时期智慧城市建设指明了方向，提出了新的目标和要求。中国的“智慧城市”建设需要积极实现与“五大发展”理念的有机融合，按照“五大发展”理念的要求来谋篇布局。

（一）创新发展是建设“智慧城市”的前提和首要任务

“创新”是一个广泛而全面的概念，不仅仅是单纯的科技创新。创新发展是“智慧城市”建设的前提，更是其建设的首要任务。党的十八届五中全会提出：坚持创新发展，必须把创新摆在国家发展全局的核心位置，不断推进理论创新、制度创新、科技创新、文化创新等各方面创新，让创新贯穿党和国家一切工作，让创新在全社会蔚然成风。因此，建设智慧城市，必须坚持创新发展，发挥科技进步和信息化的带动作用，构建产业新体系，培育发展新动力，城市发展全方位创新，尤其要大力提升绿色科技创新水平。优化技术创新环境，加强技术研发、应用试验、评估检测等方面的公共服务平台建设，着力推进企业与高校、科研院所的产学研合作，增进企业之间的合作，优化智慧城市技术创新的软硬件环境。重视人才培养，逐步提升全民信息化素质，坚持以落实人才发展规划为主线，坚持人才优先，切实做好人才培养与全民信息化素质教育工作。这里，有一点是在“智慧城市”建设中需要格外注意的，即劳动

力素质问题。中国城市建设中有庞大的劳动力大军，但目前中国的劳动力整体素质尚不高，在一定程度上制约着“智慧城市”的建设与发展。因此，坚持以人为本，加强劳动者的素质教育，努力将劳动力转化为符合时代和社会要求的人力资本，这对于中国未来一段时间内的“智慧城市”建设具有重要意义。

（二）协调政府与市场的关系，鼓励社会力量参与建设

推动智慧城市建设，要构建政府引导，多方参与管理的运营模式。“智慧城市”的建设发展需要理顺政府与市场的关系，坚持政府引导，鼓励社会力量参与建设。智慧城市建设是一项系统工程，政府作为智慧城市的直接参与者、规划者、管理者和中坚力量，对智慧城市的正常运行具有重要意义，任何一项城市建设工程都需要政府的参与，政府要切实把握好自身定位，在统筹规划方面要发挥重要作用，要充分发挥政府在公共资源配置中的引导性作用，注重差异化发展，弥补市场失灵，加强体制、政策、经济、社会等各方面的协调和配合。按照智慧城市的发展规律，加快智慧城市建设运营模式的实践探索，建立多样化的智慧城市建设运营模式，要着力培育形成一个成熟的市场机制，要真正发挥市场的决定性作用，充分发挥政府、企业、市民等的积极性。积极引导社会力量参与智慧城市建设，以市场需求为导向，对于智慧环保、智慧交通、智慧安全生产等基础领域引入社会资本参与建设，深入挖掘市场潜力，充分调动市场力量，用利益诱导、市场约束和资源约束的“倒逼”机制引导科技创新活动。

（三）探索破解城市病问题，推动城市绿色可持续发展

习近平总书记提出，“既要金山银山，又要绿水青山；宁要绿水青

山，不要金山银山；绿水青山就是金山银山”。这“两座山”之间是辩证统一的关系。我们要充分认识到，绿水青山可以源源不断地带来金山银山，绿水青山本身就是金山银山。我们种的常青树就是摇钱树，生态优势变成经济优势，形成了一种浑然一体、和谐统一的关系，这一阶段是一种更高的境界，体现了科学发展观的要求，体现了发展循环经济、建设资源节约型和环境友好型社会的理念。

目前，随着我国城镇化进程的快速推进，随之而来的交通堵塞、环境污染、城市贫富分化等“大城市病”开始显现。为此，人们开始反思以高投入、高消耗、高污染为代价的传统发展模式。传统发展观重发展的速度和规模，轻发展的效益和质量，不仅浪费资源，而且对生态环境造成极大的破坏，损害了人类持续发展的能力。而智慧城市的建设，正是有效破解城市病问题，提高城镇化质量的重要举措。智慧城市的建设要坚持资源集约和环境保护，推动城镇化朝着绿色可持续的方向发展。

在一定程度上讲，智慧城市是城市信息化高级形态，与工业化、城镇化、农业现代化、信息化高度融合，在城市的规划和管理中引入智慧技术，将技术创新与绿色发展有机结合，推动绿色技术创新。绿色技术创新是推动经济转变，确保经济能源与生态环境的共赢发展，加快形成资源节约型和环境友好型的经济发展模式的重要手段。智慧城市建设，通过对水、能源、土地等资源进行科学规划和智能化管理，可以有效缓解城市发展的资源瓶颈压力，解决资源总量不足、使用效率不高的问题，并有效提升城市基础设施和公共服务的效率，提高城市系统的自我调节能力，推进绿色发展趋势，真正打造让生活更美好的城市环境。

（四）“腾笼换鸟”与“一带一路”相结合，开放发展

改革开放30多年来，中国发展日新月异，成就举世瞩目，一个成功

经验就是：对内坚持改革，破除一切阻碍生产力发展的障碍和藩篱；对外融入世界经济大潮，在经济全球化和社会信息化的过程中拓宽生产力发展空间。将这两者结合起来就是改革开放。当前，中国的经济进入新常态，对于“智慧城市”建设而言，这既是一种巨大的压力，又是一个难得的机遇。中国的“智慧城市”建设对内要通过“腾笼换鸟”，最终实现“凤凰涅槃”；对外要通过“一带一路”倡议，实现“走出去”与“引进来”紧密结合。

中国经济新常态要求中国经济“转方式、调结构”并向纵深推进。“供需错位”已然成为中国经济持续增长的最大路障。从长期看，经济增长取决于长期潜在增长率，也就是资本、劳动力和技术进步。所以要实现长期可持续增长，仅靠需求侧的政策是不足的。必须通过改革、经济结构调整和科技进步，来提高潜在增长率，也就是改善供给侧。从供给端来说，就是针对企业自身的改革。这一方面主要就是增强企业盈利能力，从而增强企业的预期和信心。具体的改革举措有化解产能过剩、减轻企业税费、降低企业融资成本、简放政权助力创业创新等。简单来说，就是通过政策手段帮助企业应对目前的局面，淘汰僵化低效、竞争力不足的落后产业，培育更具市场竞争力的新兴业态，实现产业结构优化，提升供给端的活力与多样性。简而言之，“转方式，调结构”是以供给侧改革为主，以需求侧“三驾马车”调整为辅，通过更深层次的改革为经济新常态赋能，进而推动中国经济新一轮发展。

从我国自身经济发展情况出发，习近平总书记提出了“腾笼换鸟、凤凰涅槃”。“腾笼换鸟”，就是要主动推进产业结构的优化升级；“凤凰涅槃”，就是要摆脱对粗放型增长的依赖，大力提高自主创新能力。可以说，“腾笼换鸟”是手段，“凤凰涅槃”是目标。在发展速度换挡期、发展方式转变期、经济结构调整期和增长动力转换期四期叠加的关键时期，只有通过“老鸟出，新鸟进”，并“扎牢笼子”，才能实现中国经济的“凤凰涅槃”。对当前中国供给侧竞争力不足、存在大量“僵尸企业”等问题，我们必须有四个“一批”的发展思路：以壮士断腕的勇气，淘汰一批两高一低的产业；打破利益藩篱束缚，改造一批支柱性传统产业；充分利用“互联网+”，升级一批具有竞争力的产业；借鉴工业4.0的模式，培育一批战略性新兴产业。智慧城市建设，正是发展和培育新鸟的契机与土壤。城市是经济发展的主战场，中国经济增长必须摆脱过分依赖投资拉动的模式，抓住经济“减挡期”，加速化解产能过剩、推动产业转型升级。

中国经济的转型升级，对内需要“腾笼换鸟”，对外则需要抓住“一带一路”的战略机遇，实现开放发展。党的十八届五中全会提出开放发展理念，并从七个方面对开放发展进行了战略部署：开创对外开放新格局，完善对外开放战略布局，形成对外开放新体制，推进“一带一路”建设，深化内地和港澳、大陆和台湾地区合作发展，积极参与全球经济治理，积极承担国际责任和义务。可以说，“一带一路”建设已成为中国新时期开放战略的一个重要标志，它承载着新时期中国打造全新对外开放格局的重任，也集中体现着开放发展理念在中国及其周边地区的具体实践。两年来得到60多个国家积极响应的“一带一路”建设，已成为当前中国坚持对外开放的新举措，也是开放发展理念最为集中的体现。“一带一路”倡议的提出，就是在新时期、新形势下中国全新开放理念的体现。中国“智慧城市”建设必须要抓住“一带一路”这个战略机遇期，将“引进来”和“走出去”相结合，支撑我国城市的健康发展。

（五）着重加强公共服务产品的普及和推广，共享发展

党的十八届五中全会首次提出“共享发展”的理念，要坚持共享发

展，必须坚持发展为了人民、发展依靠人民、发展成果由人民共享，这是我国发展理念的巨大进步。智慧城市建设的定位、目标和重点都要坚持以人为本，实现人民共享智慧城市建设的成果。因此，建设智慧城市要加强软件和硬件的同步建设，优先发展公共产品（服务）领域，实现共享发展。

加强智慧城市的硬件设施建设，大力发展城镇互联网、物联网，推进智能交通、智能建筑、智能电网等先进基础设施建设，加强涉及城市发展的公共领域的科技开发，推进建筑业、住宅产业、建材产业的技术更新，加大新型废弃物资源化技术的开发力度。加强智慧城市的软件设施建设，把老百姓满意度作为智慧城市建设的出发点和落脚点。地方政府应通过实行智慧政务，发展智慧产业，建设智慧城区，创建智慧交通和物流体系，加快构建完善的智慧公共服务体系，最大限度上做到“智慧城市”的发展成果由百姓共享。智慧城市把城市资源以及人们的经济社会活动架构在互联互通的信息网络之上，在促进城市深入智能的同时，也使得城市运行安全和个人隐私保护面临更大的威胁。因此，特别要加快推进信息安全相关的法律法规体系建设，加快制定和完善有关信息基础设施、电子商务、电子政务、信息安全、个人信息保护、知识产权保护等方面的法律法规，明确信息资源的责任主体和监管主体，为智慧城市创造良好的法治环境，从法制层面保障其安全高效运行。

第三章

绿色发展

——践行两山理论推进生态文明（以北京市为例）

党的二十大报告指出：到2035年，我国发展的总体目标是广泛形成绿色生产生活方式，碳排放达峰后稳中有降，生态环境根本好转，美丽中国目标基本实现。

早在2013年9月，习近平总书记在哈萨克斯坦纳扎尔巴耶夫大学发表演讲时就提到“我们既要绿水青山，也要金山银山。宁要绿水青山，不要金山银山，而且绿水青山就是金山银山”，这是对“两山论”最全面经典的阐述，概括了经济发展和生态环境辩证统一的关系。“既要绿水青山，也要金山银山”是社会主义生态文明重要的价值观、发展观，也是对经济发展方向的重要纲领性指引，强调了经济发展和生态环境保护的协调发展，以及人与自然、经济与社会的和谐发展。“宁要绿水青山，不要金山银山”强调了生态环境承载力问题，一旦经济发展和生态环境保护发生矛盾，要以生态保护为主，不能触碰生态保护红线。“绿水青山就是金山银山”，强调的是经济发展新动能，旨在将自然生态资源转化为经济发展的优势，寻求新的经济增长点，发展资源节约型、环境友好型、科技创新型经济。2015年3月，政治局会议审议通过《关于加快推进生态文明建设的意见》，“坚持绿水青山就是金山银山”首次正式写入党中央文件。2017年，“两山论”被写入党的十九大报告，习近平总书记在党的十九大报告中指出，“坚持人与自然和谐共生。建设生态文明是中华民族永续发展的千年大计。必须树立和践行绿水青山就是金山银山的理念，坚持节约资源和保护环境的基本国策，像对待生命一样对待生态环境”。

从时代发展的角度看，二者的关系从“牺牲绿水青山换取金山银山的旧发展方式”转变为“绿水青山和金山银山的零和博弈”，而今正在向着“绿水青山和金山银山的浑然一体、和谐统一”努力，在这个过程中“两座山”之间的辩证关系不断被丰富补充，也使得公众在“两山论”践行过程中发挥着更明显的作用。

一、北京市“两山论”践行效果评价指标体系构建

在中国生态文明建设的大背景下，习近平总书记开创性地提出“两山论”，充分论述了“绿水青山”和“金山银山”的辩证关系。本研究认为，“两山论”将是“十四五”乃至未来很长一段时间内指导中国生态文明建设的纲领。本研究深入挖掘“两山论”的基本内涵，从北京市未来“十四五”发展的实际需求出发，从绿色发展协调性、资源环境承载力和产业发展新动能三个角度切入，构建了基于“两山论”践行效果的三级指标体系，其中一级指标 3 个，二级指标 9 个，三级指标 20 个。计算结果显示，2011—2017 年“两山论”践行效果排名前五的省份始终为北京、上海、天津、浙江和江苏。

本研究拟采用“两山论”践行效果综合指数（index）作为因变量。通过深入挖掘“两山论”的内涵，综合考虑“绿水青山”和“金山银山”的协调发展问题、资源环境承载力问题和产业新动能问题，构建评价“两山论”践行效果的指标体系（如表3-1所示），其中一级指标3个，分别为绿色发展的协调性、资源环境的承载力和产业发展的新动能。二级指标 9 个，三级指标 20 个。本研究取的研究样本为 2011—2017 年中国 30 个省级行政区的面板数据，不包括港澳台地区和西藏自治区。底层指标的计算中，涉及地区生产总值的指标，均以 2010 年为基期剔除价格

因素计算得到。为方便计算，对方向为“-”的指标求倒数，利用极差变化法将指标进行标准化，再使用加权平均的方法求出综合指数。

表 3-1 “两山论”践行指标体系

一级指标	二级指标	三级指标	指标方向
绿色发展的协调性	经济发展水平	人均地区生产总值（元）	+
	环境保护力度	环境污染治理投资总额占地区生产总值比重（%）	+
资源环境的承载力	生态承载能力	生态承载力	+
	资源丰裕程度	人均水资源量（立方米 / 人）	+
		能源生产量与消费量的差额（万吨标准煤）	-
	环境质量水平	单位地区生产总值二氧化硫排放量（吨 / 亿元）	-
		单位地区生产总值化学需氧量排放量（吨 / 亿元）	-
		单位地区生产总值氮氧化物排放量（吨 / 亿元）	-
		单位地区生产总值氨氮排放量（吨 / 亿元）	-
		单位地区生产总值二氧化碳排放量（吨 / 亿元）	-
产业发展的新动能	产业结构转型	六大高载能行业产值占工业总产值比重（%）	-
	产业资源节约	单位地区生产总值水耗（立方米 / 万元）	-
		单位地区生产总值能耗（吨标煤 / 万元）	-
		单位地区生产总值电耗（千瓦小时 / 万元）	-
	产业环境友好	工业二氧化硫去除率（%）	+
		工业废水化学需氧量去除率（%）	+
		工业氮氧化物去除率（%）	+
		工业废水氨氮去除率（%）	+
	产业创新发展	人均 R&D 经费支出（元 / 人）	+
		国内专利申请授权量（件）	+

二、北京市“两山论”践行效果的评价

本研究构建了“两山论”践行的指标体系，依据该体系计算出各省份“两山论”践行效果综合指数并进行排名。结果显示，北京市在

2011—2017 年“两山论”践行的综合指数均排在第一名。另外，根据图 3–1 可知，2012 年后北京市“两山论”践行的综合指数快速提高，从 0.3967 增加到 2017 年的 0.6303，增长率超过 50%。这说明自 2012 年我国提出大力推进生态文明建设战略决策后，北京市在绿色经济发展、资源环境保护和产业发展方面的综合水平高且改善提升快。

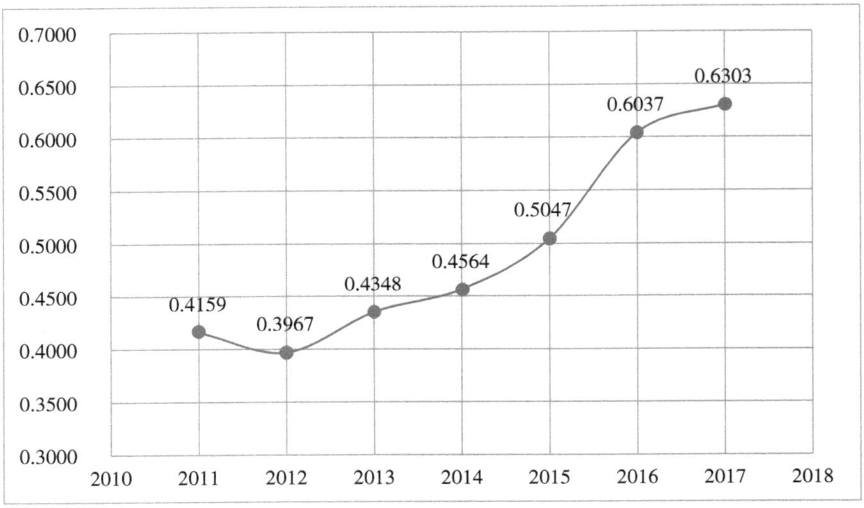

图 3–1　2011—2017 年北京市“两山论”综合指数变化情况

接下来从绿色发展协调性、资源环境承载力、产业发展新动能三个方面分析北京市的变化情况。根据图 3–2 可知，2011—2017 年北京市的绿色发展协调性、资源环境承载力和产业发展新动能指数值整体上都呈现增长趋势。其中，资源环境承载力的变化程度最大，2011 年为 0.1441，2017 年为 0.4687，增长幅度最大；产业发展新动能的指数值呈现稳定增长趋势，且指数值较高，基本都高于 0.6。

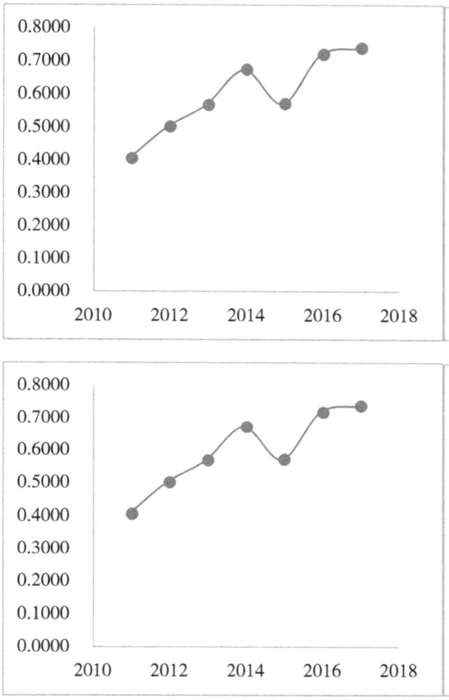

图 3-2 （a）绿色发展协调性

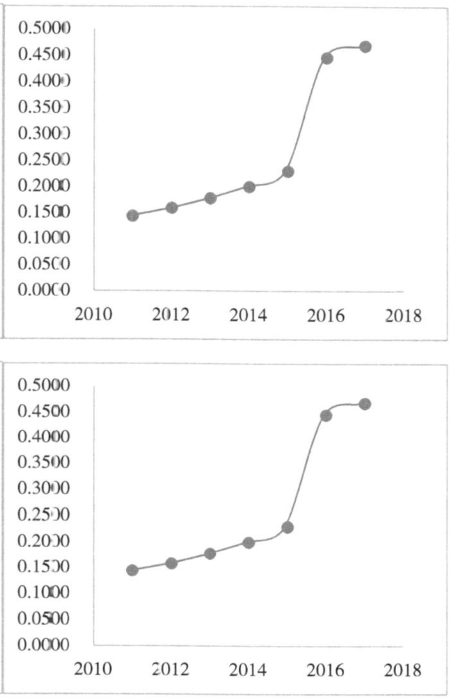

图 3-2（b）资源环境承载力

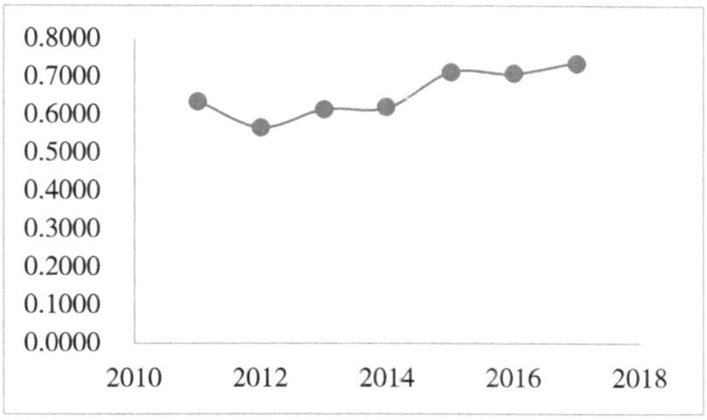

图 3-2 （c）产业发展新动能

图 3-2　北京市绿色发展协调性、资源环境承载力和产业发展新动能指数

北京市坚持新发展理念，以改善环境质量为核心，以增强市民获得感为出发点，深入践行“绿水青山就是金山银山”，推进生态文明建设。

按照《生态环境状况评价技术规范》评价，北京市 2017 年生态环境指数为 67.8，比去年提高 4.6%，空气质量达标天数为 226 天，比 2013 年增加 50 天，空气重污染天数为 23 天，比 2013 年减少 35 天。

北京市“两山论”践行效果良好，主要有以下几方面的原因。

其一，政府重视。政府坚持问题导向，以改善环境质量为核心，加快生态文明体制改革。出台系列制度法规，划定生态保护红线，加大环保督察执法力度。政府对于生态资源保护、环境治理、产业转型和创新发展等方面的投入力度较大，以 2017 年为例，北京市环境污染治理投资额为665.4亿元，占GDP的比重为2.38%，北京市研究与试验发展（R&D）经费投入强度为 5.64%，均远高于其他省份。

其二，公众参与。北京市社会各界及广大市民通过多种方式持续关注并参与环境保护，微博、微信公众号等新媒体的关注度持续增加。2017 年 12369 环保投诉举报热线年度受理环境信访和投诉举报 5.7 万余件，同比增加 27.3%，80.5% 的公众认为自身在环境保护中应发挥重要作用，43.3% 的公众表示主动举报过环境违法行为。

其三，经济转型。北京市贯彻新发展理念，落实高质量发展要求，催生经济发展新动能，从产业结构上来看，2017 年北京市第三产业的比重超过 80%。从资源节约上来看，2017 年北京市万元地区生产总值能耗、水耗和二氧化碳排放分别累计下降 22.5%、22% 和 28.2%，能源利用效率位居全国首位。从环境保护上来看，2017 年北京市工业废水化学需氧量去除率达到 92%，工业废水氮氧化物去除率达到 88%，工业二氧化硫去除率达到 65%，工业氮氧化物去除率达到 43%，与前几年相比均显著提升。从产业创新发展上看，2017 年北京市落实全国科技创新中心建设总体方案，加速“三城一区”主平台建设，发挥中关村国家自主创新示范区引领带动作用，出台一系列先行先试政策，涌现一批重大标志性原创性成果和创新型企业，示范区规模以上企业总收入达到2012年的两倍，实施《中国制造2025》北京行动纲要，发布新一代信息技术等10个高精尖产业发展指导意见及财政、土地、人才等一揽子支持政策，形成了全市上下推动高精尖产业发展的良好氛围。

三、“两山论”践行效果省际比较

根据表3-2可知，2011—2017年，北京、上海、天津、江苏、浙江“两山论”践行综合指数始终位列前五，其中北京始终排名第一位，说明北京在绿色经济发展、资源环境保护和产业发展方面的综合水平较高。这可能是因为北京在“两山论”践行过程中，对于生态资源保护、环境治理、产业转型和创新发展等方面的投入力度较大，例如，2017年，北京市环境污染治理投资额为665.4亿元，占GDP的比重为2.38%，北京市研究与试验发展（R&D）经费投入强度为5.64%，均远高于其他省份。

表3-2　2011—2017年各省份“两山论”践行效果排名

排序	2011年	2012年	2013年	2014年	2015年	2016年	2017年
1	北京	北京	北京	北京	北京	北京	北京
2	上海	上海	天津	上海	上海	上海	上海
3	天津	江苏	上海	天津	天津	天津	天津
4	江苏	天津	江苏	江苏	江苏	浙江	浙江
5	浙江	浙江	浙江	浙江	浙江	江苏	江苏
6	广东	山东	山东	山东	广东	广东	广东
7	山东	内蒙古	广东	内蒙古	山东	山东	山东
8	内蒙古	广东	福建	广东	内蒙古	福建	福建
9	山西	福建	陕西	陕西	福建	内蒙古	陕西
10	福建	山西	内蒙古	福建	陕西	陕西	内蒙古
11	海南	陕西	安徽	安徽	重庆	重庆	重庆

续表

排序	2011 年	2012 年	2013 年	2014 年	2015 年	2016 年	2017 年
12	陕西	辽宁	山西	重庆	安徽	安徽	河南
13	安徽	重庆	重庆	山西	海南	海南	海南
14	重庆	安徽	四川	江西	山西	山西	安徽
15	湖北	江西	辽宁	四川	辽宁	河南	湖北
16	辽宁	海南	黑龙江	辽宁	河南	湖北	四川
17	江西	黑龙江	广西	海南	广西	四川	吉林
18	黑龙江	广西	江西	广西	四川	吉林	辽宁
19	河北	四川	湖南	河南	湖北	辽宁	河北
20	吉林	湖南	湖北	湖北	黑龙江	广西	黑龙江
21	四川	河北	河南	黑龙江	河北	黑龙江	山西
22	广西	吉林	海南	湖南	湖南	河北	江西
23	河南	河南	河北	河北	江西	江西	湖南
24	宁夏	湖北	宁夏	吉林	吉林	湖南	广西
25	云南	云南	吉林	贵州	云南	云南	云南
26	湖南	宁夏	新疆	宁夏	贵州	宁夏	新疆
27	新疆	新疆	云南	云南	宁夏	贵州	贵州
28	贵州	贵州	贵州	新疆	新疆	新疆	宁夏
29	甘肃	甘肃	甘肃	甘肃	甘肃	甘肃	甘肃
30	青海	青海	青海	青海	青海	青海	青海

当然，在北京市取得良好成果的同时，依然存在一些问题。首先，北京市人口资源环境矛盾等长期性、结构性问题依然存在，生态环境承载力与其他省份相比相对较低，环境质量与其他省份依然存在较大差距，污染物排放量大。其次，北京市的原始创新能力不足和科技与产业创新脱节问题并存，科技创新支撑引领作用不够。再者，北京市经济发展与环境保护的协调性关系有待进一步改善。

第四章

双碳约束

——打造低碳宜居城市空间格局

党的二十大报告中指出：要加快构建新发展格局，着力推动高质量发展，大自然是人类赖以生存的基本条件，必须牢固树立和践行“绿水青山”就是金山银山的理念，站在人与自然和谐共生的高度谋划发展。到 2035 年，我国发展的总体目标是：广泛形成绿色生产生活方式，碳排放达峰后稳中有降，生态环境根本好转，美丽中国目标基本实现。

现如今，全球气候变暖已经对人类的生产生活带来了挑战，实现 2030 年前碳达峰与 2060 年前碳中和是以习近平同志为核心的党中央做出的重大战略决策。在双碳目标较为紧迫的条件下，城市作为碳排放的主要阵地，转向绿色发展是实现双碳目标的必然选择，城市发展模式亟须由传统的高耗能、高污染的发展模式转变为绿色可持续的发展模式，从注重城市数量上的发展转为质量上的飞跃。城市绿色竞争力是结合了经济发展与国家竞争力理论，理解绿色发展的内涵进而对城市绿色发展竞争力综合评价的指标。城市绿色竞争力水平体现了可持续发展理念，反映出城市发展的质量水平，是衡量城市绿色发展质量的关键指标之一，城市绿色竞争力水平越高，其城市绿色发展质量就越高。因此，深入分析城市绿色竞争力的影响因素及其在空间层面的分布，有助于推动城市绿色实现高质量发展，促进城市发展模式创新并推动区域间绿色协调发展。

关于城市竞争力的概念，倪鹏飞（2002）指出城市竞争力指城市在竞争和发展过程中与其他城市相比所具有的吸引、拥有、控制和转化资源，争夺、占领和控制市场以创造价值，为其居民提供福利的能力[31]。城市竞争力对于城市认识自身发展并学习其他城市发展经验具有极为重要的参考作用，同时也有助于城市之间产生合理的竞争关系，促进区域经济协调发展。然而，随着城市化进程加快，城市在追求经济发展的过程中产生了一些不可逆转的环境问题，各个城市需要以更加可持续的方式推动城市发展。因此，越来越多的学者开始关注城市绿色竞争力的发展。而关于城市绿色竞争力的研究中，李妍（2017）基于生态理念提出了城市绿色竞争力的概念，并从绿色生产、绿色治理、绿色产业、绿色社会与绿色环境五个方面提出城市绿色发展竞争力评价指标体系“绿色模型”[32]。此外，现有的文献大多集中于城市绿色竞争力的测度评价体系以及城市绿色发展效率[33]的研究。关于城市绿色竞争力的测度，李健（2022）对三大城市群绿色竞争力的指数测度与空间分析进行了研究[34]；关于城市绿色发展效率，张泽义（2019）测算了我国260个城市的绿色发展效率，并得出城市规模对城市绿色发展效率呈现非线性影响的结论，周亮（2019）指出中国城市绿色发展效率呈现出波动上升的状态。

关于碳排放的研究大多将城市碳排放强度作为研究对象，并侧重于分析其影响因素，王少剑等（2019）利用空间分析方法研究了城市碳排放强度的影响因素[35]，江三良（2023）聚焦于分析数字经济对碳排放强度的影响[36]，禹湘（2020）分析了低碳城市试点政策等因素对碳排放强度的影响[37]。综合已有的相关研究，发现大多文献将城市碳排放强度作为被解释变量，较少从城市碳排放强度作为解释变量的角度分析其对城市绿色竞争力的影响。因此，基于已有的研究成果，本研究以281个地级市及以上城市为研究对象，首先从经济基础与科技进步、自然资产与环境压力、资源与环境效率、城市政策响应与社会福利四个维度建立了城市绿色竞争力的评价指标并进行了测度和评价，鉴于篇幅问题，本研究并未将评价结果进行具体展示；其次，基于城市绿色竞争力评价结果实证检验了碳排放强度对城市绿色竞争力的影响；再次，从空间角度运用莫兰指数对城市绿色竞争力的空间相关性进行分析；最后，揭示研究结论并为提升城市绿色竞争力水平提出相关建议。

一、碳排放对城市绿色竞争力影响的实证分析

（一）模型设定

为检验碳排放对城市绿色竞争力的影响，本文利用面板数据设定如下计量模型：

$$UGC_{it} = \beta_0 + \beta_1 CI_{it} + \beta_2 X_{it} + \mu_i + \delta_t + \epsilon_{it} \qquad （式 4–1）$$

式（1）中，i代表地级市，t代表年份，UGC_{it}代表城市i在第t时期的绿色竞争力，CI_{it}为城市i在第t时期的碳排放强度，X为控制变量的汇总，μ_i为个体固定效应，δ_t为时间固定效应，ϵ_{it}为模型的随机误差项。

（二）变量说明

1. 被解释变量（lnUGC）

如报告中第一章所述，城市绿色竞争力通过四个维度评价中国城市绿色竞争力，遵循逻辑性、科学性、代表性、可比性及可获得性五大原则，形成中国城市绿色竞争力指标体系，包括 4 个一级指标、8 个二级指标与 37 个三级指标，受限于指标数据的可得性，本文只测算了 2010 年、2015 年、2020 年的城市绿色竞争力的数据，通过上述指标评价得出城市绿色竞争力数据，随后的计量分析报告利用 stata 软件进行插值法补充 2013 年、2018 年的城市绿色竞争力数据。

2. 核心解释变量（lnCI）

碳排放强度通过计算城市碳排放[38]占该城市 GDP 的比重得出，城市碳排放强度作为相对量的指标，能够较为合理地反映城市绿色碳排放的实际变化情况。

3. 控制变量

为了减少遗漏变量对模型的潜在影响，还需对核心解释变量碳排放强度外的其他可能的影响因素进行控制，参考现有文献，选取产业结构、是否为绿色城市、财政自给率以及职工平均工资作为模型的控制变量。

（1）产业结构升级指数（IS）。产业结构升级反映出由传统的高耗能产业、低附加值产业向低耗能、高附加值行业的转变，体现劳动生产率的提升[39]。产业机构升级能够促进第三产业高级化发展，进而有助于提升城市绿色竞争力水平，是城市实现绿色化转型的关键因素。本文参考徐敏等人（2015）提出的各省份产业结构层次系数，对不同产业赋予不同系数来说明各城市的产业结构升级水平[40]，测算公式为：$IS=\sum_{i=1}^{3} y_i \times i = y_1 \times 1 + y_2 \times 2 + y_3 \times 3$，其中，$y_i$ 为第 i 产业增加值所占比重。

（2）绿色城市（GC）。城市绿色竞争力的发展离不开政策的引导，一方面，2010 年国家发展改革委发布《关于开展国家低碳城市试点工作的通知》，确定了部分低碳试点地区，此后 2012 年与 2017 年进一步扩大了低碳城市试点范围；另一方面，生态环境部积极推动创建国家生态文明建设示范市，其对城市绿色发展也起到了一定的政策引导作用。因此，本文通过设置是否为低碳试点城市以及是否是生态文明建设示范市县来判断该城市是否属于绿色城市，进而研究政策引导的绿色城市是否有助于提升其绿色竞争力。对于属于生态文明建设示范市县或国家低碳试点城市的样本设置为 1，反之，则为 0。

（3）财政自给率（lnFin）。政府财政支出主要来源于本地财政收入与政府转移支出，城市财政自给率能够在一定程度上反映政府对于财政的掌控度，掌握度越高，越可能有助于提高政府对于推动城市绿色发展的资金投入，进而提高城市绿色竞争力水平。该指标计算使用城市“政府财政一般预算收入 / 财政一般预算支出”[11]衡量地方政府财政自主权[41]。

（4）职工平均工资（lnSalary）。该变量对于城市绿色竞争力发展联系较为密切，职工平均工资与城市居民的消费质量呈正相关关系，而较高的消费质量意味着居民对消费的产品和服务具有更高的环保要求[42]，进而推动城市整体绿色竞争力的提升。因此选取职工平均工资作为控制变量之一。

本研究以 2010 年、2013 年、2015 年、2018 年、2020 年的中国 281 个地级市及以上城市（巢湖市、毕节市、拉萨市等城市缺失数据较多，故删去）作为分析对象，数据来源为《中国城市统计年鉴》、《中国区域经济统计年鉴》、国泰安 CSMAR 数据库，缺失数据通过查找各个城市统计公报以及插值法进行补齐。

变量的描述性统计结果如表 4–1 所示。

表 4–1 变量描述性统计

Variable	Obs	Mean	Std. Dev.	Min	Max
lnUGC	1405	0.372	0.045	0.2	0.487
lnCI	1404	0.325	0.307	0.003	4.308
GC	1405	0.248	0.432	0	1
IS	1405	0.445	0.148	0	1
lnFin	1405	0.362	0.151	0.056	1.005
lnSalary	1405	0.263	0.091	0	0.693

t statistics in parentheses

$^{*}p<0.1$, $^{**}p<0.05$, $^{***}p<0.01$

（三）计量检验

1. 基准模型回归

面板数据的估计方法主要是固定效应和随机效应两种，本文通过豪斯曼检验，结果显示在 1% 水平上拒绝原假设。因此，本文同时考虑采用城市固定效应与时间固定效应的双向固定效应对模型进行回归，并为防止多重共线性导致回归结果产生偏差，采取逐步添加解释变量的方法进行分析，回归结果如表 4–2 所示。

表 4–2　基准回归结果

	（1）	（2）	（3）	（4）	（5）
	lnUGC	lnUGC	lnUGC	lnUGC	lnUGC
lnCI	–0.0063***	–0.0062***	–0.0063***	–0.0058**	–0.0052**
	（–2.7131）	（–2.6694）	（–2.7416）	（–2.5220）	（–2.3094）
GC		0.0024**	0.0027***	0.0027***	0.0027***
		（2.4364）	（2.6863）	（2.7573）	（2.7841）
IS			0.0328***	0.0316***	0.0329***
			（4.6741）	（4.5026）	（4.7373）
lnFin				0.0167***	0.0173***
				（2.5933）	（2.7138）
lnSalary					0.0479***
					（5.0848）
时间固定效应	是	是	是	是	是
城市固定效应	是	是	是	是	是
N	1404	1404	1404	1404	1404
adj. R^2	0.940	0.940	0.941	0.941	0.943

t statistics in parentheses

* $p < 0.1$, ** $p < 0.05$, *** $p < 0.01$

根据表 4–2 的回归结果，可以看出碳排放强度的回归系数为负数，表示城市碳排放强度对城市绿色竞争力的作用呈现负向关系，且通过5%水平下的显著性检验。因此，可以得出结论：城市碳排放强度减少有助于提升城市绿色竞争力，碳排放强度反映出技术水平的提升，生产过程中碳排放强度减少，对于城市绿色竞争力的提升作用较大。

绿色城市对城市绿色竞争力影响的符号显著为正，且通过1%水平的显著性检验，表明低碳试点城市以及生态文明示范城市的设立对于城市绿色竞争力的提升具有一定的促进作用。说明政府对于城市的引导作用是较为重要的，能够引领城市绿色化发展，进而提升城市绿色竞争力水平。

产业结构升级指数对于城市绿色竞争力的影响为正，且通过1%水平的显著性检验，表明产业结构越向高级化方向发展，高耗能高污染的产业越向低耗能低污染的产业转移，这是城市发展模式转变的标志，产业结构高级化发展，生产要素的效率提高，有助于提升城市绿色竞争力。

职工平均工资对于城市绿色竞争力的影响为正，且通过1%水平的显著性检验，职工平均工资是表征城市社会经济发展的重要因素之一。一般而言，指标值越高，居民收入越高，对于绿色生活环境的要求也就越高，为绿色化产品的消费提供了一定的购买力支撑，城市绿色竞争力水平也会随之而上升。

2. 稳健性检验

为避免回归结果的偶然性，本文采取多种方法进行稳健性检验，以确保基准回归结果的稳定性，从而证明本文研究内容。

（1）滞后变量。本文采用滞后两期的解释变量进行回归。回归结果显示，滞后两期的城市碳排放强度对城市绿色竞争力影响显著为负，表明回归模型较为显著。

（2）缩尾处理。为避免极大值与极小值对回归结果产生偏差，本文在1%和99%处分别做缩尾处理，缩尾后对回归模型进行逐步回归，回归结果表明城市碳排放强度对城市绿色竞争力呈现显著负向影响，证明回归模型稳健性较好。

（3）替换因变量。碳排放增长率通过计算碳排放增量占上一年的比重得出。碳排放增长率能够有效衡量碳排放变化量在总量中的占比，相比于绝对值能够更有效地反映碳排放的情况。本文采用碳排放增长率替换被解释变量碳排放强度进一步检验模型的稳健性，模型中均固定了时间与城市效应，结果如表 4–3 所示，影响系数和显著性和基准回归结果类似，表明模型稳定性较好。

表 4–3 稳健性检验

	不加控制变量	滞后解释变量	缩尾	替换变量
	lnUGC	lnUGC	lnUGC	lnUGC
lnCI	−0.0063***		−0.0090***	−0.0085***
	(−2.7131)		(−3.0149)	(−3.7022)
L2.lnCI		−0.0159**		
		(−2.1786)		
GC		0.0024	0.0024**	−0.0019
		(1.1412)	(2.4659)	(−0.8245)
IS		0.0560***	0.0313***	0.1173***
		(3.4604)	(4.4821)	(8.2343)
lnFin		−0.0078	0.0184***	0.1034***
		(−0.4643)	(2.7899)	(7.0582)
lnSalary		−0.0016	0.0604***	0.3634***
		(−0.2554)	(5.3456)	(26.3109)
时间固定效应	是	是	是	是
城市固定效应	是	是	是	是
N	1404	557	1404	1405

t statistics in parentheses

* $p < 0.1$, ** $p < 0.05$, *** $p < 0.01$

3. 异质性分析

考虑到面板数据的时间跨度与空间跨度，本书对城市分组按照其是否为沿海的属性，将城市划分为沿海城市与内陆城市，以充分考虑到区域发展的不平衡性对本书研究问题的影响，将281个大样本城市分为沿海城市与内陆城市两个子样本，基于基准回归进行异质性检验。此种样本分类能够有效避免由于年份跨度较大而导致城市划分不清晰使得结果出现偏差等问题，具有一定的参考意义。

对于内陆城市而言，可以看出，内陆城市碳排放强度与其绿色竞争力发展呈现负向关系，且通过5%水平下的显著性水平检验，表明内陆城市发展相对落后地区，降低城市碳排放对城市绿色竞争力的提升作用更为显著。原因在于内陆城市经济发展相对尚处于转型初期阶段，产业结构仍以高耗能高污染产业为主，整体污染水平较高且污染成因较为单一，进行环境治理的边际成果较高，所以近些年内陆城市碳排放强度降低对城市绿色竞争力水平的提升作用较为显著。

对于沿海城市而言，碳排放强度与城市绿色竞争力水平呈现负向关系，但未通过显著性检验。沿海城市相对而言经济基础较好，经济发展处在相对较高的阶段，其产生的环境问题相对复杂，环境治理难以在短时间内取得明显的边际成果，使得沿海城市的碳排放强度未显著影响当地城市绿色竞争力水平。此外，内陆城市碳排放强度对其绿色竞争力的影响系数要大于沿海城市的影响系数，表明对于发展相对较弱的内陆地区，碳排放对城市绿色竞争力的影响作用更大，而发展水平较高的沿海地区，城市碳排放对于绿色竞争力水平影响作用较小，建议着重引导内地欠发达地区以降低城市碳排放强度为抓手提升城市绿色竞争力。

表 4–4　中国异质性分析

	沿海城市	沿海城市	内陆城市	内陆城市
	lnUGC	lnUGC	lnUGC	lnUGC
lnCI	−0.0080	−0.0039	−0.0061**	−0.0054**
	(−1.1079)	(−0.5883)	(−2.4804)	(−2.2159)
GC		0.0044**		0.0020*
		(2.1807)		(1.7634)
IS		0.0574**		0.0322***
		(2.5443)		(4.2581)
lnFin		0.0210*		0.0153**
		(1.6693)		(2.0699)
lnSalary		0.1744***		0.0374***
		(5.5142)		(3.7228)
时间效应	是	是	是	是
个体效应	是	是	是	是
N	250	250	1154	1154
adj. R^2	0.944	0.955	0.938	0.941

t statistics in parentheses

* $p < 0.1$, ** $p < 0.05$, *** $p < 0.01$

二、城市绿色竞争力的时空格局演化特征分析

莫兰指数是较为成熟的对空间相关性分析方法，为深入分析城市绿色竞争力的空间溢出效应，本书基于城市绿色竞争力面板数据利用莫兰指数进行空间相关性分析，以探究绿色竞争力在城市间的空间相关关系。

（一）全局空间自相关分析

本书对 281 个地级市计算其城市绿色竞争力的全局莫兰指数[43]，计算公式如下：

$$I=\frac{n\sum_{i=1}^{n}\sum_{j=1}^{n}w_{ij}(y_i-y)(y_j-y)}{(\sum_{i=1}^{n}\sum_{j=1}^{n}w_{ij})\sum_{i=1}^{n}(y_i-y)^2} \quad （式 4–2）$$

$$w_{ij}=\begin{cases}\frac{1}{|d_i-d_j|}\\ 0\end{cases} \quad （式 4–3）$$

式 4–2 中，n 表示城市个数，y_i 和 y_j 分别表示 i 和 j 城市绿色竞争力指数，y 表示城市群内城市绿色竞争力指数的均值；w_{ij} 为城市 i 和 j 的空间权重矩阵，本文对城市间地理距离取倒数得到空间反地理矩阵作为空间权重矩阵，构建反地理距离矩阵能够更合理地分析城市之间的空间关系，进而分析城市绿色竞争力的空间自相关性。I 取值范围为［–1，1］，若 I 为（0，1］则表示其存在空间正相关，若 I 为［–1，0），I =0 表示不存在空间相关性。通过 Stata16 软件得出城市绿色竞争力全局 Moran's I 的指数如表 4–5 所示。

对于 2010 年、2013 年、2015 年、2018 年、2020 年城市绿色竞争力指数进行空间自相关性检验，可以看出，五年来，城市总体绿色竞争力全局 Moran's I 值均位于（0，1］之间，且 p 值均小于 0.01，通过显著性检验，表明城市间存在显著的空间自相关性，即城市绿色竞争力指数高的城市会产生空间溢出效应，其周边城市绿色竞争力指数也相对较高，即城市绿色竞争力指数较高的城市相互集聚；反之，城市绿色竞争力指数较低的城市其周围城市绿色竞争力值也较低，即城市绿色竞争力指数较低的城市相互集聚，表明当地城市绿色竞争力指数不仅仅受到本地碳排放的影响，而且周边地区的城市绿色竞争力也会对本地产生一定的空间溢出效应。从时间维度来看，随着年份的增加，从 2010 年到 2018 年城市绿色竞争力之间的关系呈现上升的趋势，可以得出城市绿色竞争力之间的空间相关关系随时间逐渐加强，而 2018—2020 年呈现出下降的趋势，本研究推测是由于 2020 年疫情暴发，城市彼此之间相互隔离，城市绿色竞争力空间相关性略有下降，符合现实情况。

表 4–5　城市绿色竞争力指数的全局 Moran's I 的指数表

Variables	I	E（I）	sd（I）	z	p–value*
UGC2010	0.110	–0.004	0.005	21.941	0.000
UGC2013	0.133	–0.004	0.005	26.438	0.000
UGC2015	0.141	–0.004	0.005	27.898	0.000
UGC2018	0.147	–0.004	0.005	29.119	0.000
UGC2020	0.137	–0.004	0.005	27.213	0.000

（二）局部空间自相关分析

本研究进一步分析城市之间的空间集聚效应或者分异效应，通过计算局部 Moran's I 以分析空间城市局部相关程度，具体计算公式如下所示：

$$I = \frac{n(y_i - y)\sum w_{ij}(y_j - y)}{\sum_{i=1}^{n}(y_i - y)^2} \qquad （式 4–4）$$

本研究选择 2010 年、2015 年、2020 年的城市绿色竞争力进行局部空间自相关分析，绘制散点图如图 4–1 所示。横轴代表本地区的城市绿色竞争力指数，纵轴代表邻近地区的城市绿色竞争力指数，一象限是高高集聚，二象限是低高集聚，三象限是低低集聚，四象限是高低集聚。由于样本城市数据较多，为了保持总体图片直观此处省略城市名称。从图中可以看出，大部分城市分布在一、三象限，表现为高高集聚与低低集聚，其中，位于一象限的主要是北京、上海、广州、深圳、天津、南京、珠海、中山等城市，大多为东部城市，表明这些城市本身绿色竞争力水平较高，并且其周边城市绿色竞争力水平也相对较高，周边地区辐射作用较强，二者呈现出正向的相关关系。位于第三象限的主要是六盘水、自贡、资阳、防城港、宜宾、雅安等城市，大多位于西部地区，其城市绿色竞争力水平较为落后，且周边地区也较为落后。二象限为低高地区，主要为宣城、滁州等城市，四象限为自身高周边低的地区，主要为成都、西安、长沙与武汉等城市，大多为新一线城市或二线城市，推测其原因可能是地区本身正处于发展之中，尚未形成正向的辐射作用。其中，对比2010年与2020年散点图可以看出长沙、武汉、青岛等城市2010年位于散点图的第四象限，而2020年则位于散点图的第一象限，这些城市的绿色竞争力水平由高低转为高高，表明这些城市在本身绿色化发展的过程中，逐步产生辐射作用，与周边邻近地区城市绿色竞争力具有显著的正向相关性。

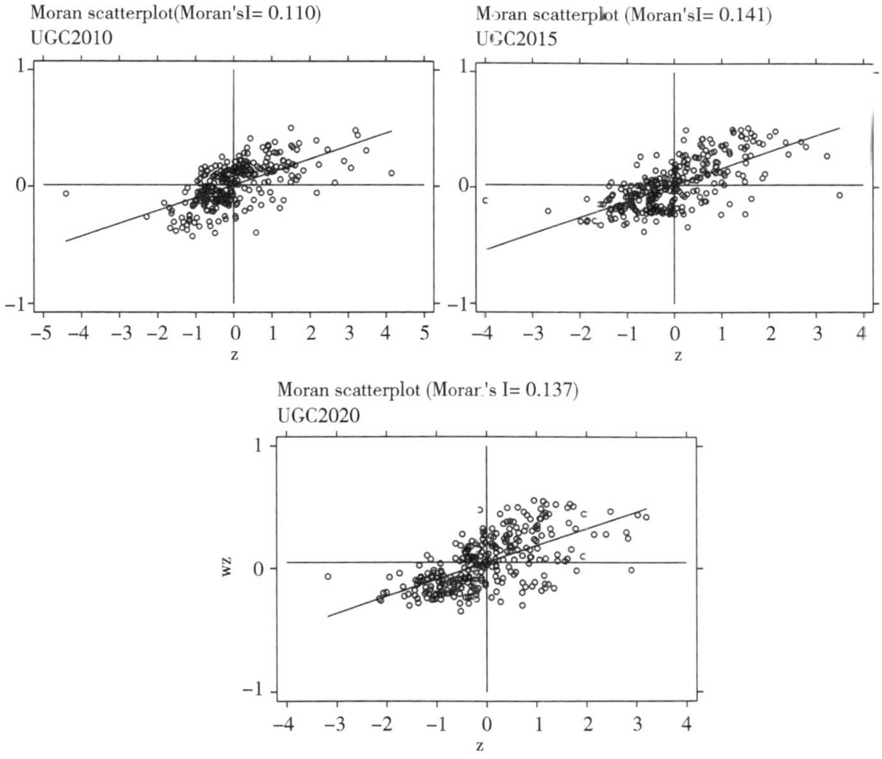

图4-1　局部莫兰指数散点图

三、研究结论与对策建议

（一）研究结论

践行双碳目标有助于城市绿色竞争力水平的提升，有利于打造生态文明城市，证明国家提出双碳目标是经济现实的需要且对城市绿色竞争力有正向作用。实证回归发现，碳排放强度与城市绿色竞争力呈现负向关系，碳排放强度越低城市绿色竞争力越高，且经过一系列稳健性检验发现结果依然稳定。分样本回归发现内陆城市的碳排放强度对于城市绿色竞争力的影响大于沿海城市的碳排放强度对于城市绿色竞争力的影响；此外，是否具有政策引导，如属于低碳城市试点以及生态文明示范市县对城市绿色竞争力水平的提高具有积极作用；产业结构的升级、职工平均工资的提高均对于城市绿色竞争力水平的提升具有促进作用。

（二）政策建议

1. 政府引导城市差异化实现绿色发展

一方面，从顶层设计上规划城市的绿色发展，政府部门完善环境监管的相关法律法规，并且加大对城市碳排放强度的监管力度，完善现有企业碳排放权相关的法律法规，将企业发展过程中产生的负外部性内部化处理；另一方面，打造城市绿色名片，为城市赋予绿色相关荣誉，例如政府通过设置低碳试点城市等政策鼓励城市进行绿色转型；另外，对于不同类型的城市设置差异化的政策，如资源型城市鼓励加快产业转型，而创新型城市则鼓励其产业结构高级化发展，分别对其实行一定的名誉奖励。此外，加大对于内陆欠发达地区的绿色发展引导，对于内陆城市，其经济发展尚处于初期阶段，环境问题相对简单较易治理，绿色发展提升作用较为显著，鼓励其在经济发展的同时注重城市绿色竞争力的提升，传统的以牺牲环境为代价的发展模式是行不通的，要贯彻环境治理与经济发展并重的理念，加快城市发展模式创新进而实现城市发展模式的可持续性。

2. 引导城市产业结构高级化发展

要合理升级城市产业结构。对于高耗能高污染的产业要实行一定的政策或制度约束，倒逼企业进行低碳技术转型，提高企业绿色技术创新能力，同时对于绿色企业提供一定的税收优惠或财政补贴，吸引生产要素向低耗能、低污染的行业流动，引导城市产业结构绿色化与高级化发展，与此同时，城市对于不同的产业实行差异化的政策，鼓励城市利用当地资源禀赋发展特色绿色产业，促进城市产业的高级化与合理化，将绿水青山与冰山雪山转为金山银山。

3. 提高居民绿色消费意识

城市绿色竞争力不仅需要供给端发挥作用，更重要的是消费者所在的需求端，从源头实现全流程的绿色消费，增强公众的环保意识，减少对污染产品的需求，收入较高的居民会对城市发展提出更高的要求，例如除了关于城市经济方面的发展，更多的是关于城市生活质量如城市环保等问题，因此，适当提高居民收入以鼓励居民的环保意识，从需求侧助力城市绿色竞争力水平的提升。

4. 规划绿色发展示范城市

积极打造大城市绿色竞争力的增长极，充分利用城市绿色竞争力的空间溢出效应，带动周围城市绿色竞争力水平的提升。在城市之间打造正向示范效应，推动相邻城市之间绿色发展交流，在竞争中取长补短，互相合作，共同促进城市绿色竞争力水平的提高。城市内部也应积极发挥高绿色竞争力水平的区县的正向溢出效应，利用绿色发展相对较好的区县带动周边区县的绿色竞争力水平。对于自身城市绿色竞争力水平高的城市，引导其对于周边城市的绿色发展进行帮助，并将自身城市绿色竞争力发展的案例变为可供推广的经验，以供周边城市参考。各个城市要找到适合自身实际情况的绿色转型道路，从而实现绿色竞争力水平较高的城市带动绿色竞争力水平较低的城市发展，促使其向第一象限高高集聚转移。同时，对于处于第四象限高低集聚的城市，积极推动新一线城市的绿色发展，在其自身发展的同时，释放溢出效应，带动周边城市的绿色竞争力提升，推动区域协调发展，从而尽可能地实现由第四象限向第一象限的过渡。

第五章

以人为本
——构建人才友好宜居的城镇化

人才是实现民族振兴、赢得国际竞争主动的战略资源。城市是人才的集聚地和栖息地。中央人才工作会议明确提出，要加快建设世界重要人才中心和创新高地，并在一些中心城市着力建设吸引和集聚人才的平台，加快形成战略支点和雁阵格局。面向未来，坚持人才引领发展的战略地位，以城市空间为载体，将人才工作融入城市高质量发展、高品质生活、高效能治理进程中，加快建设人才友好型城市，不仅是我国实施新时代人才强国战略的重要途径，也是适应新时期“城市中国”发展需要与推动城市高质量发展的内在要求。

一、问题的提出

2021 年 9 月召开的中央人才工作会议上，习近平总书记指出，深入实施新时代人才强国战略，全方位培养、引进与用好人才，要加快建设世界重要人才中心和创新高地。而要想实现加快建设世界重要人才中心和创新高地，必须把握战略主动，做好顶层设计和战略谋划。建设人才友好型城市是落实中央人才工作会议精神的重要体现，是推动中心城市提升人才竞争力的根本要求。国内外对于“人才友好”并无明确的理论内涵界定，但从人才发展的全生命周期来看，有一些提法与“人才友好”比较类似，即儿童友好[44]、青年友好[45]和老年友好[46]。人才友好型城市是指具有良好的制度环境、经济环境、人文环境、生活环境，以人为本，能为人才尤其是青年人才的可持续发展提供系统性支撑的城市。人才友好型城市理念有深刻的历史渊源和理论基础，是国内外长期以来对城市发展规律和人才开发规律认识不断升华的结果。这些关于人才发展、人才集聚、人才竞争力等方面的研究成果为描绘人才友好型城市的蓝图提供了重要依据。

人才友好型城市的理论可以追溯到古典人口学理论。Ravestein 基于对多个国家的统计数据分析，总结出人口迁移的规律[47]。Lee 等学者的“推—拉”模型，通过分析人口迁出和迁入的影响因素，可以找到人口迁移的基本逻辑[48]，这些理论为人才吸引力和人才友好型城市研究奠定了理论基础。Florida 等学者指出，人才根植意愿可以较好地衡量一个区域对人才的保留能力，也是判断城市或区域是否对人才友好的一个重要标志[49]。对人才城市根植意愿影响因素的全面分析，能帮助城市管理者全面了解人才对城市的需求，使政府在公共政策、公共物品提供等方面更具针对性。

德科集团（Adecco）、欧洲工商管理学院（INSEAD）和塔塔通信公司（Tata Communications）联合组织发布的《全球人才竞争力指数》（*The Global Talent Competitiveness Index*），通过 68 项指标来衡量 125 个国家和 114 个城市的全球人才竞争力水平[50]。该报告的全球人才竞争力指数模型指出，人才竞争力源于投入和产出两个方面，其中，投入包括环境、吸引、增长和留存四个方面，产出包括职业技能和全局技能两个方面。在人才投入的四个维度之下，又涵盖了人才市场环境、监管环境、商业和劳动力市场环境、开放程度、教育机会、终身学习、可持续性和生活方式等。报告通过研发投入、信息、福布斯前 2000 家企业、人均 GDP、生活质量、环境质量、大学、高等教育入学率、个人安全、医生密度、高素质劳动力、高等教育人口、机场连接密度、国际组织等对全球城市进行了排名和评价。

在我国，党中央国务院高度重视人才工作，党的十八大以来，习近平总书记站在党和国家事业全局的高度，从历史和现实、理论与实践、国内与国外多重视角，对我国人才事业多次做出批示和要求，这些论述对在我国建设人才友好型城市提供了指导思想和行动指南。在新发展阶段，建设具有中国特色社会主义的人才友好型城市，应深入贯彻习近平总书记“择天下英才而用之”的人才思想，以识才的慧眼、爱才的诚意、用才的胆识、容才的雅量、聚才的良方，广开进贤之路，把国内外各方面的优秀人才吸引到城市发展中来，打造优良的人才生态，形成人人渴望成才、人人努力成才、人人皆可成才、人人尽展其才的生动局面。通过建设人才友好型城市，使各支人才队伍成为城市发展的栋梁、社会和谐的保障、文明进步的支撑。

近年来，国内外新兴科技创新城市的快速崛起，引起学者对创新人才集聚的研究，经济发展水平和产业集聚度是人才集中的决定性因素。除此之外，以娱乐消遣设施、文化设施、消费购物和公共文化活动等为代表的生活设施，是吸引和聚集那些掌握稀缺技术和高学历人才的必要因素，人才宜居性已成为现代城市发展的重要方面。改革开放以来，经济因素方面，包括经济发展、产业结构、外商投资比重、地区收入水平与就业机会等因素都会对人口流入产生拉力作用。社会因素方面，地方公共物品投入、城市公共服务能力、社会保障覆盖范围、城市人力资本存量、住房成本、户籍制度等因素都会影响人口流动。个体角度方面，性别、户口性质、家庭人口数、流动范围和经济因素对流动都有显著影响，而城市经济、工作机会、教育资源、基建设施等因素构成新生代高学历流动人口流向选择的向心力。

二、构建“人才友好型城市”的理论价值

后疫情时代全球人才竞争白热化，人才战略性地位和价值也受到各国前所未有的重视，各国纷纷开启新一轮人才战，全球人才竞争进入新阶段，构建人才友好型城市是我国实现城市人才集聚的必由之路，具有重要的理论价值和政策价值。

（一）产业布局和创新趋势对人才集聚提出“新要求”

进入新发展阶段，世界正经历百年未有之大变局，表现为科技的周期性革命和产业周期性变革，全球人口总量和结构的变化，全球经济增长趋势的变化，以经济实力为基础的国际经济、政治格局的深刻调整，重大全球性突发事件的冲击，原有全球治理体系的不合理和国家内部结构性矛盾加剧引发贸易保护主义、单边主义、民粹主义、霸权主义等思潮涌起。全球人才竞争格局复杂多样，过去发达国家之间的人才竞争格局被打破，人才单向流动的状况正在改变。随着一些新兴国家的经济社会发展，发达国家向新兴经济体人才回流的势头明显上升，各国为争夺全球人才，纷纷采取措施吸引人才，全球人才争夺战愈加激烈。

（二）我国区域经济发展重塑人才集聚“新趋势”

第七次全国人口普查数据显示，2020 年我国劳动年龄人口总规模为 8.8 亿人，与 2010 年相比我国劳动年龄人口减少 4000 多万人，同时我国劳动年龄人口占总人口比例也有所下降。人口总量的变化将直接影响人才基数，人才规模增速放缓将加剧人才竞争。新技术、新产业、新业态和新模式等经济发展新动能使得区域竞争格局发生重大转变，城市在国家创新驱动发展战略的引导下，对高技能创新人才的需求不断高涨。从

城市发展角度来说，对人才的渴望也反映出城市产业发展的旺盛需求。以人工智能、量子信息技术、清洁能源、基因等新技术为主导的第四次科技革命为城市产业发展带来前所未有的机遇。随着中西部地区中心城市的崛起，过去形成的长三角、珠三角和京津冀等传统人才竞争格局面临新的竞争。进入“十四五”时期，京津冀协同发展、长江经济带发展、粤港澳大湾区建设、长三角一体化发展、黄河流域生态保护和高质量发展等国家重大发展战略都将是人才集聚的高地。从百万人才进海南行动计划，到成都打造“蓉漂”品牌矩阵，再到厦门变“筑巢引凤”为“三顾茅庐”，都反映出城市人才竞争态势已经进入创造人才“回弹效应”的新阶段。活力决定引力，只有用得好人才、留得住人才，方能更好地吸引人才。

（三）吸引集聚人才成为全球城市发展的“必修课”

国家之间人才的竞争在空间层面上往往集中体现在城市人才的竞争。当今世界正经历百年未有之大变局，新冠肺炎疫情使世界经济陷入历史性衰退，物理空间的阻隔限制了全球人才的流动，倒逼各国加快完善人才发展环境，优化人才资源配置，释放人才活力和创新力，抢占科技和产业制高点。相应地，全球城市都在不断强化“人才友好”的理念和行动，不遗余力地引进和集聚人才。如纽约通过建立科技人才通道，为迅速发展的科技生态系统引进高水平人才。伦敦最新的城市规划提出打造愉悦、多元、包容、便捷，能为人才提供高品质生活的世界领先城市。东京为吸引更多国际人才，在东京都市圈建立了统一的国际化人才市场和完善的国际人才引进制度。我国的广州、珠海、南京、石家庄等城市更是明确提出把人才战略作为城市发展战略的核心，编制和发布了各具特色的人才友好型城市发展规划。

（四）人才红利成为提升城市竞争力的“新动能”

人才是推动高质量发展的“第一资源”，也是提升城市竞争力的关键因素。“人口红利”曾经是我国城市经济增长的重要引擎，城市的比较优势往往得益于其人口优势。但近年来我国人口数量和结构已经发生了较大变化。自2012年起，我国劳动年龄人口数量和比例持续“双降”。据第七次全国人口普查数据显示，与2010年相比，16—59岁劳动年龄人口减少4000多万人，但平均受教育年限提高了1.08年，大专及以上受教育程度人口提高11.27个百分点。在此背景下，建设人才友好型城市，已经成为城市发展从依靠“人口红利”向“人才红利”转变的必然趋势，而有效吸引人才、集聚人才、用好人才，也是城市竞争力的重要体现和在激烈的城市竞争中实现引领和赶超的“新动能”。

（五）城市空间成为各类人才成长和发展的“蓄水池”

城市空间的“规模经济”和“集聚效应”能够为人才创造更广阔的发展空间。全球化时代，人才的空间再配置和流动频率不断加快。人才跨国、跨区域流动，为城市带来技术、投资和就业等新活力。高密度的面对面交流、多元文化和思想的碰撞渗透、公共服务设施的共建共享，使得城市成为集聚人才和孕育创新的高地。城市内部往往拥有较为完备的产业链体系，能够降低运输、采购和通信等成本，进而形成相对成本优势，促进企业快速发展。城市为人才营造了集聚空间，不仅提升了人才与企业的匹配质量和效率，也可以为更多拥有不同学科和专业背景的人才提供知识、技能分享和外溢的机会。

（六）人才友好成为未来城市转型变革的“新底色”

尽管城市收入水平仍然是影响人才迁移的主要因素，但当前的人才流动需求更加多元化。除了经济发展水平、就业机会等“硬环境”外，人才向城市集聚，更希望从自身价值、生活体验、社交关系等方面获得归属感、满足感。公共服务、生活娱乐、开放氛围、多元文化等“软环境”在城市满足人才需求方面也变得更加重要。人才友好型城市正是适应人才流动和新发展需求所产生的新型城市形态，其不仅注重人才的生存和新发展需要，为人才提供高品质生产和生活的空间场所，更注重人才成长、自我价值实现和共同体的营造，为构建人才与城市融合发展的有机生态，促进城市转型变革提供了有力支撑。

三、“人才友好型城市”的五维内涵

（一）环境友好：在城市人才服务环境优化上破题发力

人才友好型城市主要以“礼”取才，以“智”聚才，以“信”留才，面向城市发展所需引进和培育各领域、各层次、各年龄段人才，领域不局限于科技、政治、商业、学术、文化、社会服务；层次不局限于高端型、技术型、技能型、服务型；年龄段不局限于中青年，还包括青少年、中老年等。人才友好型城市认同和尊重人才发展的优先权，与人才建立强联系，在经济社会发展的全领域、全过程中充分考虑和吸纳人才的利益和需求，关注人才生活工作状况，及时了解人才面临的问题和存在的需求，以提升人才服务质量和效率为目标，做到精细化服务，提升人才满足感和幸福感。

（二）制度友好：在城市人才体制机制改革上破题发力

人才友好型城市主要结合市场经济规律和人才发展规律，构建法治化、市场化和多元化的人才引进、选培、流动、评价和分配激励机制，破除压抑阻碍人才活力的体制机制，构建整体性、协同性和衔接性强的人才政策体系。人才体制改革和优化被纳入人才友好型城市治理体系和治理能力现代化建设范畴，人才招聘、评价、流动等环节中的行政审批和收费事项得到有效清理和规范，人才的合法权益得到切实保障，知识产权、知识成果依法受到充分保护。

（三）发展友好：在城市人才发展平台建设上破题发力

人才友好型城市主要构建适配人才成长的高水平创新平台、产业平台，为人才发挥作用、施展才华、实现价值提供更为广阔的舞台和条件，鼓励人才干实事、支持人才干成事、帮助人才干好事。人才友好型城市具备良好的产业环境、较高的产业集聚度以及较强的产业领域，以产业和平台集聚人才，靠人才引领产业和平台发展，推动人才链、创新链、产业链有机衔接，形成人产适配、相得益彰的局面。在实现共同富裕的目标下，激励各类人才在城市通过辛勤劳动、创新创业实现增收致富，充分合理配置资本、土地、知识、技术、管理以及数据等生产要素资源，让一切创造社会财富的资源发挥价值。

（四）民生友好：在城市人才民生福祉增进上破题发力

人才友好型城市主要突出人本导向，围绕人才高品质生活要求，思人才所思、急人才所急、供人才所需，寓治理于服务，以增进民生福祉为宗旨，推动城市公共产品和服务可获得、可负担、可持续。聚焦城市民生领域突出问题，不断提升民生服务品质，注重实现人才充分且高质量的就业，也注重解民忧、纾民困，解决教育、医疗、住房、休闲等人才最关心、最直接和最现实的问题，满足人才对于日益增长的美好生活需要。

（五）文化友好：在城市人才精神文化引领上破题发力

人才友好型城市主要聚焦于人才精神文化领域需求，重视人才与城市发展良性互动、同频共振，不断满足人才多样化、多层次、多方面的精神文化需求；倡导相互尊重、相互包容的城市精神，体现“人人皆可成才”的城市文化；注重推进物质和精神共同富裕，推动城市文化内容、文化形态、文化载体、文化体制等创新发展，涵养人才的思想道德、精神境界、文化修养，涵育向美向上向善的社会文明，提升城市的凝聚力和向心力。

四、加快构建“人才友好型城市”的现实路径

（一）“谋”字开路，加强人才友好型城市战略规划

建设人才友好型城市，应在把握城市战略全局中推进人才工作，进一步突出顶层设计和综合部署。一是加强组织领导。建议由中组部、国家发展改革委、人力资源和社会保障部、住房和城乡建设部等统筹协调人才友好型城市建设工作。二是制定实施国家人才友好型城市建设行动方案。编制国家人才友好型城市建设行动方案，形成人才友好型城市建设标准，并实施动态监测和评估。支持有建设意愿、基础较好的城市先行先试，分批分期滚动推进实施。三是鼓励和支持地方政府开展人才友好型城市探索实践。支持各地城市充分考虑自身人才友好型城市建设的宏观形势与现实基础、短期与长期目标、总体方向与重点任务，形成人才友好型城市发展规划，并将健全人才体制机制、落实人才重点项目、多渠道引育人才、优化人才服务保障等指标纳入地方政府年度综合考核内容。

（二）“改”字当先，破除城市人才发展体制机制壁障

建设人才友好型城市，应统筹推进城市人才发展和人才体制机制改革，遵循人才成长规律，深化体制机制改革，不断破除束缚城市人才发展的评价、使用、流动等体制机制障碍，激发人才发展的动力、能力和活力。一是鼓励和支持城市高等院校、科研机构等，打破地域和身份等限制，放宽年限、年龄等条件限制，树立以价值、能力、贡献、潜力论英雄的人才评价导向。二是建立人才友好型城市人才管理服务权力清单和责任清单，向高校、科研院所、医院、文化机构、企业、新型研发机构及其他人才智力密集单位放权，赋予重大创新平台、重点用人单位“引育用留”自主权和人才计划配额。三是推进人才领域更高水平的对外开放，以沿海开放城市、国家中心城市为重点，探索建立与国际接轨的全球人才招聘制度和吸引外国高技术人才的管理制度，逐步打破国际人才流动的壁垒，最大限度地为高层次人才入境和居留提供便利，吸引、留住更多的国际人才。建立健全科学化、社会化、市场化人才评价机制。树立正确的人才评价使用导向，以人才的品德、能力、业绩和贡献为重点，发挥政府、市场、专业组织、用人单位等多元评价主体作用，分类别、分层次对人才进行评价。

（三）“用”字立基，拓宽城市人才成长和价值实现平台

高度重视人才平台载体的引才聚才、创新驱动发展的作用，多措并举建设人才发展高地，打造引才、留才“梧桐树”。建设人才友好型城市，应在用好人才、优化人才资源配置上做文章，为城市人才提供成长的现实空间和发展前景。一是紧密结合城市人才的应用场景用好人才。重点围绕城市科技创新、经济发展、公共服务、社会治理等领域，加快战略科学家和科技领军人才等各类人才队伍的培养和使用力度。二是坚

持以产引才、以才促产，为人才搭建干事创业的"用武之地"。重点提高城市产业集群与人才耦合度，以特色产业优势吸引、留住人才，促进人才链、产业链、创新链、资金链深度融合，实现招才引智与城市产业发展良性互动。三是优化人才"全生命周期"价值提升平台。立足未来城市发展需求和人才不同人生发展阶段需要，构建可持续、开放性的学习、体验、创新、交流的平台，不断提升城市人才自身发展与城市整体发展的适配性。

（四）"优"字入手，提升城市人才公共服务品质

建设人才友好型城市，应紧密结合人才对品质生活的向往和需要。一是聚焦人才对城市高品质生活需要，更好地发挥城市政府在规划指引、政策安排、公共服务等方面的引导作用，提供学有优教、住有优居、病有优医、劳有优得、服有优质、创有优待的"六有六优"服务，构建高水平人才服务体系。二是针对不同年龄、不同性别的人才群体，提供差异化的人才公共服务。如针对女性人才需要，聚焦"她视角""她需求""她难题"，在城市规划设计中规避性别盲点，补齐女性公共服务设施短板。三是鼓励创建城市人才发展集团。着重发挥市场驱动、市场标准和市场激励的人才配置主体功能，组建城市人才发展集团，以引进人才、投资人才、服务人才为主业，为城市人才提供全方位、多维度的高品质服务。通过建立和完善人才住房、医疗、家属安置、子女入学等方面的政策体系，实现人才服务高质量发展。

（五）"融"字支撑，营造城市爱才敬才文化氛围

建设人才友好型城市，应坚持把"文化融入"作为人才融入城市的重要抓手，以增强城市文化的人才吸引力和认同感。一是厚植尊重人才、鼓励创新的城市文化。弘扬科学家精神、企业家精神、劳模精神和工匠精神，以更宽容、开放、求新、进取的态度看待多元文化和新生事物，形成人人渴望成才、人人努力成才、人人皆可成才、人人尽展其才的城市人才友好文化生态。二是增强城市人才吸引和融入的文化软实力。结合人才对城市多样化、多层次、多方面的精神文化需求，主动把握全球城市文化发展规律，特别是新一轮数字化重塑全球意识形态和文化竞争格局带来的新机遇，推动城市公共文化事业繁荣发展，完善城市文化产业体系和市场体系，扩大高品质文化产品的有效供给。三是塑造城市人才文化品牌。鼓励和支持各地深度挖掘城市历史文化底蕴和人才发展需求，以人才与城市互融共生为重点，构建各具特色的人才友好型城市品牌，构建立体化、多维度的传播体系，宣传推广人才友好型城市建设典型经验、先进事迹和积极成效，讲好中国城市人才故事，形成更多中国城市人才案例。

展望未来，在建设社会主义现代化国家新征程和实现中华民族伟大复兴进程中，我国将涌现一批人才友好型城市，为我国区域经济发展和城市竞争力提升提供坚实的人才支撑。人才友好型城市将成为高品质生活广泛享有的共享之城，令人向往的青春之城、活力之都，年轻时尚的元素、空间不断丰富，青春活力魅力充分彰显，生态绿色品牌名扬天下，文化创造力享誉海外，实现幼有善育、学有优教、劳有厚得、病有良医、老有颐养、住有宜居、弱有众扶，人的全面发展和全体人民共同富裕取得更为明显的实质性进展。建设未来的人才友好型城市，改革开放的步伐更加铿锵，创新发展的信念更加坚定，产业集聚的速度不断加快，人才集聚的前景更加广阔，干事创业的氛围更加浓厚，从而为广大人才创新创业、施展抱负、实现梦想提供更加广阔的舞台。

第六章

共同富裕

——超大城市的挑战与解决路径

（基于北京的调查研究）

本部分梳理总结了典型的超大城市北京推动共同富裕的主要做法和成效，并结合北京推动共同富裕面临的问题和挑战，形成相关政策建议，以为全国城市推进共同富裕提供参考和借鉴。共同富裕是社会主义的本质要求，是中国式现代化的重要特征，是中国人民的共同期盼。2021 年 8 月 17 日习近平总书记在中央财经委员会第十次会议上发表的重要讲话，提出了推动共同富裕总的思路，阐明了推动共同富裕，要坚持鼓励勤劳创新致富、坚持基本经济制度、坚持尽力而为量力而行、坚持循序渐进的重要原则，有针对性地提高发展的平衡性、协调性、包容性，着力扩大中等收入群体规模，促进基本公共服务均等化，加强对高收入群体的规范和调节，促进人民精神生活共同富裕等一系列重大举措，为在高质量发展中促进全体人民共同富裕提供了根本遵循。

超大城市人口、产业、空间集聚程度高，经济社会文化发展的竞争力、影响力和辐射力强，对都市圈、城市群乃至全国发展都具有引领示范作用，许多成功的经验做法已在全国各地得到推广，这些城市的人民群众对共同富裕的期待更高、需求也更丰富。但相比其他区域，超大城市的城乡收入差距较大、新市民融入难、基层治理难等问题更加突出，同时还面临着“大城市病”的困扰挑战。当前，我国进入了全面建设社会主义现代化国家、向第二个百年奋斗目标进军的新发展阶段，全国各地均在因地制宜积极探索推动共同富裕的有效路径，而超大城市在实现共同富裕方面的探索与实践，不仅对城市本身现代化发展具有重要意义，也对进一步丰富和完善我国共同富裕的实现机制、加快社会主义现代化国家建设具有重要的理论和应用价值。我们对典型的超大城市——北京进行了实地调研，梳理总结了其推动共同富裕的主要做法和成效，并结合北京推动共同富裕面临的问题和挑战提供相关政策与建议。

一、北京推动共同富裕的经验与成效

（一）人才创新驱动高质量发展，夯实城市共同富裕的动力基础

共同富裕要靠勤劳和智慧来创造，提高从业人员中的人才比重是实现人才引领创新、创新驱动发展的有效路径。北京始终把营造适合不同类型人才的优良创新生态作为主要的政策发力点。一是充分发挥首都高等教育优势，将优秀毕业生作为补充城市人才资源的主要来源，整合央地高校和科研机构力量，全面提升人才培养质量，大力促进高校毕业生创业就业；二是实施分层分类人才吸引政策，对于顶尖人才，强化国家实验室、新型研发机构的创新平台作用，推进“揭榜挂帅”制度，对于其他层次人才，放宽人才引进条件，如在昌平区的申请单位不再局限于高新技术企业，文创、体育、金融等企业都可申请，人才也不局限于高学历、高职称，更加注重高薪酬、高贡献。到 2020 年，北京市人才资源总量和从业人员规模分别达到 781.3 万人和 1259.4 万人，人才密度达到 62%，较 2010 年提升 24.7 个百分点，带动北京人均 GDP、全员劳动生产率、人才对经济增长贡献率分别为 16.5 万元 / 人、28.7 万元 / 人和 56%，人才和创新已经成为北京推动共同富裕的第一动力。

（二）促进城市就业和产业匹配，提高初次分配劳动份额

实现勤劳创新致富，除了提高人才密度外，还需要人尽其才、人尽

其用，促进超大城市就业与产业的协调匹配是关键。近年来，北京大力发展实体经济和生产性服务业，并适应人口资源环境约束和未来科技发展方向，主动引导产业结构调整升级，在经济持续稳定发展中实现了就业的扩容提质。2005 年，北京市就业占比靠前的工业、商务、建筑、批零、交通等五个行业共吸纳全市 54.2% 的从业人员，但经济贡献率仅有 47%，明显低于就业贡献率；到 2020 年，北京市就业与产业匹配度明显改善，就业占比靠前的五个行业分别为商务、信息、批零、科技服务和工业，就业占比达到 52.1%，相应增加值占比上升至 49%，相应的劳动者报酬占 GDP 的份额由 2005 年的 45% 提升至 55% 左右，与欧美发达国家水平基本相当。按照国家统计局对于我国中等收入群体的划分标准，2020 年北京中等收入群体比重达到 68.5%，率先基本形成橄榄型分配结构。

（三）各类城市资源倾斜投向薄弱地区，强化再分配导向

受历史原因和资源环境约束等影响，北京的城南、京西、生态涵养区等地区的经济社会发展水平相对较低。近年来北京充分发挥首都资源优势和超大城市的市场规模优势，内部功能重组与向外疏解转移双向发力，区域发展差距明显缩小。一是北京把更多的重大功能性活动和项目安排到薄弱地区，如在城南布局北京大兴国际机场和临空经济区、在京西举办北京冬奥会部分赛事、在生态涵养区承办世园会和世界休闲大会，这些重大活动有效缩小了发展薄弱地区与中心城区在基础设施、公共服务、区域形象等方面的差距；二是通过制定新一版城市总体规划，将经济发展的主战场逐步转向郊区，特别是五个平原新城的近郊区，2020 年郊区固定资产投资比重由 2005 年的 23.5% 上升至 45.8%；三是结合大城市小农业、大京郊小城区的基本市情，大力发展旅游休闲产业，既有与山水特色相融的古北水镇，也有体现国际时尚的环球影城，同时积极开发 15 类农村公益性岗位，逐步扭转了城乡收入差距不断拉大的趋势，城乡居民人均可支配收入比例由峰值时期的 2.57 回落至 2021 年的 2.45。

（四）推动城市基本公共服务“扩围提质”，保障促进社会公平

北京是一个开放度较高的城市，城市基本公共服务需覆盖占常住人口比重 61.5% 的户籍居民和占比 38.5% 的常住外来人口，而在医疗、交通、文化等领域，相应的公共服务对象范围更广泛，很多公共服务需要面向北方地区乃至全国人民。近年来，北京主要聚焦民生关切热点和“新市民”等群体，加大对民生领域投入力度，教育、社会保障和就业、卫生健康三项支出占一般公共预算支出比重稳步提升，基本公共服务保障水平不断提高。一是通过加大财政投入和引导民办幼儿园转成普惠园等方式，实现了在园儿童由 2010 年的 27.8 万提高到 50 万以上；二是通过集团化办学和学区制改革等方式，扩大优质教育资源覆盖面，实现小学和初中就近入学比例均达到 99%；三是实施医药分开、分级诊疗、预约挂号、分时段就诊、医保异地结算等改革措施，看病难和看病贵的问题得到极大缓解；四是围绕老年人的床边、身边、周边的就近精准养老服务需求，不断健全市级组织、区级指导、街乡统筹、社区落实的“三边四级”养老服务体系，养老照料中心在中心城区基本实现全覆盖，并不断提升传统养老机构服务效能；五是实施房地产市场平稳健康发展长效机制，增加住房土地供给，城镇地区人均住房建筑面积由 2010 年 21.6 平方米增至 2020 年 33.7 平方米，二手住房购房主体中首套刚需占比达 80% 左右，建设筹集公共租赁住房，将各类政策性购房归集为共有产权住房，持续提高对重残、大病、老龄等部分家庭市场租房补贴，逐步形成“租、购、补”并举的住房保障制度。

（五）深挖城市文化资源宝藏，推动人民群众精神富裕

精神富裕是共同富裕的题中应有之义，北京作为全国文化中心，在挖掘文化资源和凝聚精神力量方面具有引领示范效应。一是充分挖掘重大纪念日、重大历史事件蕴含的爱国主义教育资源，搭建市民群众学习党的理论和表达情感的平台，发布《北京市文明行为促进条例》引导和促进市民文明行为，将社会主义核心价值观落小、落细、落实；二是深入贯彻落实“老城不能再拆”要求，加强老城、中轴线、三条文化带等历史文化保护传承利用，探索出以中轴线申遗带动老城整体保护、社会力量参与“共生院”建设、大运河文化带京杭对话合作机制等模式；三是发挥现代文化产业资源和文化市场优势，集中力量提升设计、影视、演艺、音乐、网络游戏、旅游、艺术品交易、会展等领域的国际竞争力，培育了一批文化领域的“专精特新”企业；四是聚焦人民群众日益增长的公共文化需求，推动公共文化服务设施覆盖身边化、服务内容品质化、供给主体多元化、服务方式智能化改革，开展了惠民文化消费季、文创市集等一批文化惠民活动，打造出“大戏看北京”等文化名片，引入了环球主题公园、乐高乐园等全球顶流文化 IP。

（六）树立到基层一线解决问题导向，满足市民多元化诉求

人民群众的获得感、幸福感、安全感需要通过不断办好市民的身边事来实现。北京以市民诉求驱动城市治理，树立了到基层一线解决问题的鲜明导向。一是壮大基层组织力量，在市级层面坚持工作过问到街道，赋权到街道，力量下沉到街道，考评到街道，有事不出街道，在区级层面深化街道管理体制改革，理顺条块关系，抓好“赋权、下沉、增效”，构建起具有首都特点的简约高效基层治理体系；二是出台《北京市接诉即办工作条例》，完善为民服务长效机制。12345 整合了 54 条热线，将

各区、各部门、343个街道（乡镇）、市属44家国有企业全部纳入接诉即办体系，对于点位清晰、职责明确的诉求，由市民热线服务中心直接派单至街乡，并进一步向“未诉先办”“每月一题”延伸，滚动推进高频共性问题专项治理；三是完善基层议事机制，推进建设社会矛盾纠纷多元预防化解体系，鼓励引导社区等社会组织参与公共治理事项，推广“回天有我”社会治理创新实践品牌，探索大型社区治理经验，形成“小院议事厅”“老街坊议事厅”“民情驿站”“法官联系点”“物业议事党支部”等社区矛盾化解的平台，建设更高水平的平安北京，营造和谐温暖的社会氛围。

二、北京推动共同富裕面临的问题与挑战

（一）农村居民大多还属于低收入群体

统计显示，北京城镇地区已有82.2%的居民达到国家中等收入群体标准，但农村居民收入的平均水平还在标准线之下，仅27.6%的农村居民进入了中等收入群体行列。目前，农村居民增收主要依靠进城务工拉动，工资性收入占比达到八成左右，但就业质量不高，约42%的农村就业人口从事居民服务、修理和其他服务业、农林牧渔业、住宿和餐饮业，薪资只有全市平均水平的一半左右。虽然财产性收入和经营性收入增长空间较大，但农村集体经济参与市场竞争的能力偏弱，2020年底北京已完成农村集体产权制度改革的3927个村集体经济组织中只有1433个村实现了股份分红。

（二）中等收入群体发展仍存在“脆弱性”

北京中等收入群体占比已接近七成，但内部结构并不稳固，仍存在

较大的“脆弱性”。一是根据本市2020年住户调查样本数据测算，北京户均收入分布在10.2万—12.8万元区间的群体规模达221.1万人，占中等收入群体的14.7%，存在较大的滑入低收入群体风险；二是脆弱群体中无劳动合同或仅签订短期合同和临时工的超过四成，工作强度普遍较大，根据清华大学社会科学院企业责任与社会发展研究中心于2021年3月发布的《2021年中国一线城市出行平台调研报告》，北京网约车司机每日平均工作时间为11.05小时，每周平均出车时间为6.45天，接近正常工作时长的1倍；三是居住成本高企且不断攀升，2021年北京居民的居住消费占人均消费支出比重达到38.6%，对于中低收入群体形成很大压力，出现了有体面收入但依然节衣缩食的“穷中产”现象。

（三）行业间的收入差距依然偏大

采用行业收入极值比测度，2020年北京门类行业收入差距在4.5倍左右，明显高于行业收入差距相对适中的欧洲（3倍左右）、日本（3.4倍左右）。在19个门类行业城镇非私营单位就业人员平均工资中，金融业收入最高，达到26.1万元，信息服务业排名第二，收入接近26万元。还有11个行业在全市平均水平以下，其中住宿餐饮业和居民服务业收入分别为5.8万元、7.4万元，不到全市平均水平的四成。

（四）民生领域还存在不少“短板”和“弱项”

一是二孩、三孩生育政策全面实施后，婴幼儿托育服务需求快速增长，约1/3家庭有托育服务需求，但北京托育服务建设整体处于起步阶段，0—3岁婴幼儿入托率为4%，远低于OECD国家入托率平均值33.2%。二是养老服务供给存在较大的结构性矛盾，中心城区床位紧张而远郊区床位大量闲置，全市养老机构总入住率仅为51.9%，此外，护理人才存在约 2 万人缺口。三是口腔、精神、妇产、儿童等专科医疗资源紧缺，康复医院、护理院、安宁疗护服务等供给明显不足。四是市民亚健康问题突出，据中国健康学会调查，国内 16 个百万以上人口城市中，北京亚健康人群占比排名第一，高达 75.3%，其中部分上班族为了纾解精神压力，在下班后通过报复性熬夜等行为安排个人兴趣爱好活动，使得快节奏的生活更加紧张。根据领英报告，32% 的北京职场人士睡眠时间为 5—6 小时。五是住房有效供给依然不足，新市民、青年人买不起房、租不好房的问题比较突出。

三、推动超大城市实现共同富裕的主要路径

（一）进一步拓宽城市勤劳创新致富渠道

推进城市产业转型与提升劳动者技能“双管齐下”，一方面加快产业数字化和数字产业化，推动数字技术全方位赋能传统产业，提高城市劳动生产率；另一方面进一步加大教育投入，普遍提高劳动者受教育水平，盘活闲置劳动力，培养更多适应经济高质量发展要求的高素质劳动者。坚持多劳多得，保护劳动所得，增加劳动者特别是一线劳动者劳动报酬，促进勤劳致富。完善以知识价值为导向的分配制度，深化事业单位工资分配制度改革，对紧缺急需的科研人员实行协议工资、项目工资，采取科技成果转化收益和股权奖励等方式，加强科研人员创新激励，探索劳动股份制、技术股份制等新型产业组织模式，引导城市企业实行人才年薪制和股权激励，鼓励创新致富。

（二）在努力扩大中等收入群体的同时巩固城市现有中等收入群体

在稳步扩大中等收入群体的同时进一步巩固城市中等收入脆弱层群

体，优化中等收入群体结构。深化农村“三块地”改革和集体产权制度改革，因地制宜发展乡村新产业新业态，盘活闲置宅基地和闲置农房，千方百计拓宽农民收入渠道。搭建高校毕业生职业指导、职业培训、就业见习等公共服务平台，鼓励毕业生到城市基层就业创业，增加城市人才公寓、青年驿站等市场供给，让高校毕业生成为中等收入群体的新增力量。发挥政府技能培训补贴引导作用，鼓励企业推行新型学徒制，帮助一般技能劳动者向专业技术人员发展转型，促进技能人才进入中等收入群体。破除不合理就业限制，鼓励从业者跨界融合业态创新，加强新就业形态权益保护，促进更多灵活就业人员进入城市中等收入群体。

（三）加快探索超大城市实现城乡融合的有效路径

积极探索促进城乡良性互动、功能互补的有效路径，实现以城带乡、先富带后富。超大城市近郊农村要加快业态转型升级，鼓励通过使用权入股、联营等模式，推动从初级“瓦片经济”向“楼宇经济”“服务经济”转变；远郊农村要主动适应城市居民对绿色优质农产品和生态产品的消费需要，积极发展田园观光、农耕体验、森林康养等生态友好型产业，把产业链增值收益更多留给农民。推进城市生活性服务业规范化、标准化、数字化发展，提升行业组织效率和服务品质，带动进城务工人员持续增收。推动城市财政转移支付与落实区域功能定位挂钩，重点向远郊新城和农村薄弱地区倾斜，创新跨区横向转移支付资金使用方式，建立生态环境保护、绿色产业发展等领域长效机制。

（四）以基本公共服务均等化提升城市居民的获得感

将基本公共服务均等化作为促进城市居民共同富裕的重要途径，推动从收入水平富裕迈向生活品质富裕。加大城市普惠性人力资本投入，通过集团化办学方式向郊区、农村、薄弱地区的学校扩充优质教育资源，完善经济困难家庭学生资助政策体系，健全进城务工人员子女享受基本公共教育服务保障机制。加快城市多元化养老服务供给，推动传统培训疗养机构向普惠性养老服务转型，探索养老服务时间银行等互助养老新模式，鼓励引导一二级医院、养老机构向医养康养联合体转型，加大护理型人才培养力度，建立符合国情的长期照护保险制度。增加城市保障性租赁住房供给，着力解决好高校毕业生、青年人才、新市民的阶段性住房困难问题，大力推进老旧小区改造。推进城市分层分类精准救助，进一步兜好特困人员和低保家庭的基本生活底线，稳步提升救助标准，健全支出型贫困家庭临时救助制度。

（五）完善群众诉求驱动的市域社会治理机制，完善和推广北京“五个一”的做法

即一套体系、一号响应、一单到底、一把尺子、一组机制，通过赋予街乡权力、下沉工作力量和开展街道管理体制改革，推动各级政府主动治理、未诉先办，滚动推进高频共性问题专项治理，努力把矛盾问题解决在基层，提升城市基层社区的综合服务能力和水平，构建简约高效的城市基层治理体系。支持鼓励城市社区议事厅、小巷管家等居民自治平台建设，调动居民参与社区事务的积极性，引导社区社会组织参与公共治理事项，畅通群众参与基层社会治理的制度化渠道，推进建设城市社会矛盾纠纷多元预防化解体系，营造温暖和谐的社会氛围。

第七章

城市更新
——推进城市高质量转型和升级

城市更新是转变城市发展方式、推动城市高质量发展的关键举措，也是推动城市补短板、强弱项，改善城市社会民生、优化城市公共服务、提升城市人居品质，推动共同富裕的重要抓手。2021 年城市更新首次被写入我国政府工作报告，《中华人民共和国国民经济和社会发展第十四个五年规划和 2035 年远景目标纲要》中明确提出“实施城市更新行动”，更是将城市更新上升为国家战略。城市更新政策是实现城市更新目标、塑造城市更新环境、激发城市更新活力的重要手段。当前，我国正处于实施城市更新行动的关键时期，特别需要不断完善和优化城市更新政策体系，充分发挥城市更新政策体系在营造城市更新环境、激励城市更新行为中的作用。同时，由于城市更新政策目标越来越多元化，涵盖空间完善、民生改善、文化传承、环境提升等更多内容，政策涉及范围越来越广，政策工具越来越丰富，也亟须开展国际和区域政策比较，有针对性地制定和完善政策措施，以增强政策的系统性和整体性，为地方开展城市更新提供指引。

一、城市更新政策体系的比较与建议

（一）发达国家的城市更新政策体系比较与启示

城市更新是城市化发展的产物。在城市化发展进程中，欧美发达国家从应对城市化发展出现的问题和挑战入手，制定和实施城市更新政策，以优化城市结构、功能、布局，拓展城市发展空间、增加城市经济活力、防治“城市病”、避免城市中心衰退为目标，积累了一定经验。因此，对发达国家的城市更新政策体系类型、结构、效果等方面进行比较与借鉴，对优化我国城市更新政策体系、促进城市更新行动开展具有重要意义。

1. 从政策体系类型来看

发达国家存在两种不同的城市更新政策体系。城市更新政策体系的构建与基础法律组织形式密切相关，世界主要发达国家实行大陆法系或海洋法系，在此基础上形成了两类不同的城市更新政策体系。大陆法系城市更新政策的代表国家是德国、法国、日本，三国的城市更新法规体系相对独立于传统的城市建设规划体系，是与其平行的独立体系。海洋法系代表国家是美国和英国，城市更新法规、政策等相关内容存在于城市建设、规划、资金、交通等政策中。

2. 从政策体系结构来看

德法日三国体现“主干法 + 配套政策”特色显著，美英两国政策融入特征明显。其中，德法日三国主干法包括核心法，配套法规包含政府部门与地方政府发布的行政法规、地方性法规。（如表 7–1 所示）在主干法层级，法德两国中央（联邦）层面颁布了专门的城市更新成文法，适用于国土全域，旨在规范城市更新的一般性流程。在配套法规层面，政府按层级责权制定配套法规，如法国国家更新局颁布的《旧有退化社区重建计划全国总条例》，规范了旧有退化社区重建计划的操作流程。德国联邦各州颁布的《城市发展促进资金指引和项目指南》则明确了地方市镇自主开展相关工作的要求。

表 7–1　德法日三国城市更新主干法与重要配套政策

	德国	法国	日本
主干法	《联邦建设法典》	《城市更新计划和指导法》	《都市再开发法》
配套政策	《城市发展促进资金指引和项目指南》	《社会团结与城市更新法》 《旧有退化社区重建计划全国总条例》	《土地开发实施细则》 《都市再生特别措施法》

资料来源：作者整理。

美英两国城市更新政策融入特征较为明显。在美国，联邦层级未曾制定城市更新专项法令，美国城市更新（Urban Renewal）的相关内容主要在联邦发布和不断调整的住房政策、交通政策、文化政策中。英国议会尚未出台城市更新的专项法案，与城市更新相关法律也散落在众多法律之中，包括《地方化法案》（2011）、历版《城乡规划法》《内城地区法》（1978）、《地方政府、规划和土地法》（2009）、《规划和强制征收法》（2004）、《社区规划法》（2012）等。

3. 从政策体系效果来看

不同城市更新政策体系各具优势。德法日政策体系架构的优势在于中央政府可通过主干法向下传递出实施城市更新的主体意志，明确发展导向，在顶层设计中明确城市更新的国家目标、原则和基本工作方式，有利于构建规则明确的城市更新政策体系。同时，城市更新的主干法也是各层级政府推动工作的法律依据。德法日国家的城市更新政策体系都比较明显地体现出从中央到地方逐级细化的垂直分工思路。如日本中央议会颁布的《都市再开发方针》规定了四类地区的再开发方针，即市街的再开发方针、住宅开发整备方针、商务基地开发整备方针、防灾街区整备方针，道府一级议会则对该四项方针制定本级辖区的细化法规，再到县一级议会出台更为详尽的政策工具和更新实施办法。英美两国城市更新政策体系的优势在于比较灵活，处理具体工作中的矛盾通常无明确法规可依据，主要根据过往判例或具体情况。

对比德法日三国等大陆法系国家已经形成的城市更新“主干法－配套法”体系来看，我国目前还没有城市更新主干法，但在国家层级的指导意见中已经明确提出实施城市更新行动，已经出台的城市更新政策主要集中在部门配套法和地方法层级，以各城市出台的相关政策为主。同时，我国城市更新政策也在一定程度上显示出英美海洋法系国家政策设计的特点，城市更新的相关内容在多个政策领域都有体现。比如，2021年文化和旅游部出台的《关于进一步加大开发性金融支持文化产业和旅游产业高质量发展的意见》中明确提出支持开展城市更新行动。

（二）国内城市更新政策体系建设的实践进展和特点

我国本轮的城市更新实践，主要从2009年广州探索大规模推行“三旧改造”开始。制度机制以及相关政策建设以2015年中央城市工作会议为标志，会议明确指出城市发展结束以增量开发为主的时代。随后，北京、上海等城市陆续提出新增建设用地零增长甚至是负增长，实施城市更新成为众多国内城市推动城市结构调整优化和品质提升的主要方式。从当前情况来看，尽管实施城市更新没有固定的模式，但各地都在结合区域实际情况，通过不断的实践总结，丰富和完善城市更新政策体系，其中，个别城市已在城市更新政策体系构建方面走在前列，半数以上超大特大城市趋于构建专项城市更新政策体系，大中小城市以及县城的城市更新政策体系建设探索以小规模、渐进式为主。

1. 以深圳为代表的部分城市已成为城市更新政策体系建设的先行者

2009年末，深圳公布实施《深圳市城市更新办法》，城市正式迈入“城市更新”时代，2020年《深圳经济特区城市更新条例》颁布，实现了城市更新政策从地方政府规章到地方性法规的飞跃。目前经过持续十多年的制度建设，深圳已经形成了“纲领性、政策性、程序性、计划性”四位一体的城市更新政策体系，探索构建了以纲领性文件为统领、以政策性文件为引领、以程序性和标准性法规政策为支撑、以专项规划保障落实的一体化政策。相比于北京、上海等城市更新政策体系建设的先行城市，深圳的城市更新政策体系更为完整。其关键在于深圳结合地方实际和特区优势，制定出台了一系列城市更新的相关行政规范性文件、技术标准文件，实现了对城市更新涉及多方面、多层次工作的标准化界定、指引（如表 7–2 所示）。目前，深圳已初步形成一整套与大规模存量提质改造相适应的制度机制和政策体系，成为国内各地研究制定本地区城市更新政策体系的参考样本。

表 7–2　深圳市部分城市更新相关政策文件及其作用

政策文件名	作用
《深圳市城市更新办法》	纲领性文件，确定辖区城市更新的总纲、原则、基本路线，是制定具体城市更新政策的法规依据。
《深圳市城市更新办法实施细则》	
《深圳市人民政府关于施行城市更新工作改革的决定》	
《关于深入推进城市更新工作的意见》	政策性文件，为指导推进落实城市更新工作，针对解决难点、焦点问题制定的具体措施文件。
《关于加强和改进城市更新实施工作的暂行措施》	
《关于规范城市更新工作若干问题的处理意见（一）》	
《关于规范城市更新工作若干问题的处理意见（二）》	
《深圳市城市更新单元规划制定计划申报指引（试行）》	程序性、标准性文件是为进行城市更新活动或过程而规定的途径形成的文件，是各职能部门为落实质量要求而规定的具体工作程序细则和具体标准。
《深圳市城市更新土地、建筑物信息核查及历史用地处置操作规程（试行）》	
《深圳市城市更新历史用地处置暂行规定》	
《深圳市宝安区、龙岗区、光明新区及坪山新区拆除重建类城市更新单元旧屋村范围认定办法（试行）》	
《深圳市城市更新单元规划编制技术规定（试行）》	
《深圳市城市更新单元规划容积率审查技术指引（试行）》	
《深圳市城市更新“十三五”规划》	计划性文件是在一定时期内，推进落实城市更新各方面工作的规划。
深圳市各区《城市更新“十三五”规划》	

资料来源：作者整理。

2. 半数以上超大特大城市趋于构建专项城市更新政策体系

从超大特大城市的城市更新政策体系发展来看，行政法规类城市更新办法、条例等文件逐渐普及，城市更新政策从相关的“双修”、旧改等政策中逐步进行调整，形成了新的专项政策体系。目前，我国 7 座超大城市中有 6 座，14 座特大城市中超半数出台了城市更新的专项规划、行动计划或管理办法。以北京市为例，2021 年 8 月，中共北京市委办公厅和北京市人民政府办公厅联合印发《北京市城市更新行动计划（2021—2025 年）》，并已经形成了《关于首都功能核心区平房（院落）保护性修缮和恢复性修建工作的意见》《关于老旧小区更新改造工作的意见》《关于开展老旧厂房更新改造工作的意见》《关于开展老旧楼宇更新改造工作的意见》《关于开展危旧楼房改建试点工作的意见》等五个配套文件，以城市更新为主题初步形成了专项政策体系。同时，一些城市通过设立城市更新机构（一般表现为市、区级城市更新局），或专项领导小组来落实政策。如广州在 2015 年颁布《广州市城市更新办法》，将“三旧”改造工作纳入城市更新战略，并在“三旧”改造工作办公室的基础上，创新组织机制，成立了我国第一个专职负责城市更新工作的“城市更新局”。其他城市也在推动相关的机构改革，探索成立专门负责城市更新工作的新机构，或建立多部门并联审批和动态调整机制等方案。

3. 大中小城市以及县城城市更新政策体系建设以小规模、渐进式为主

不同于超大特大城市能在相对较短时期内发展出比较完善的城市更新政策体系，由于城市经济社会发展、城市空间规模和密度、城市治理能力等方面存在差异，广大中小城市和县城在城市更新法规体系、制度机制建设等方面的难度较大。调研发现，小规模、渐进式的城市更新正逐渐成为这一类城市推动城市更新实践的主流，与之相配套的政策较多以年度计划、行动方案等形式为主，有较强的“一事一议”与“一事一策”性质，虽然不能够完全形成城市更新政策体系，但比较契合地方以项目制推动工作的实际，具有政策实施效率高、成本低的特点，也有助于直接提高人民群众安全感、获得感、幸福感。同时，相对于超大特大

城市，中小城市和县城城市更新的政策内容更多增补于既有的“双修”、旧改、住房保障等政策中，未成独立体系。但也有特例，比如海南的三亚市、江西省吉安市的永新县，初步构建了专项城市更新政策体系和计划体系。

（三）优化我国城市更新政策体系的建议

城市更新是一项系统工程，是对城市物理空间形态、经济增长方式、社会发展结构以及人居环境质量进行提升完善的综合性行为。优化城市更新政策体系也需充分认识实施城市更新行动的系统复杂性和局部差异性，推进城市更新的相关立法，构建差异化的城市更新政策体系，完善城市更新行政规范性文件和相关技术标准，强化城市更新规划与行动计划管理，重视和加强城市更新政策储备。在统筹考虑顶层设计和微观实践、战略规划和实施计划、短期目标和长期愿景的过程中，丰富和完善城市更新政策体系。

1. 积极推进城市更新的相关立法

从发达国家经验与国内先行城市探索来看，城市更新立法很有必要。要加快推进国家层面城市更新政策文件起草出台，研究制定城市更新相关法规条例，加强城市更新的顶层设计，为有效推进我国城市更新提供有力法治保障、法规依据。推动地方性城市更新立法，规范引导地方城市制定相关条例、法规建设，强化城市更新相关条例的立法授权。同时，特别关注城市更新立法工作中的三个问题。一是从发达国家的城市更新立法工作来看，比较强调顶层和基层两级，不管是德国的“联邦—州—地区—市镇”四级法规体系或法国的“中央—省—市”三级法规体系，地区、省一级都较弱，这与我国城市更新立法工作发展的趋势相似。因此，头尾两级是城市更新法规建设的重点。二是从国内外实践来看，城市更新相关立法需要对涉及土地、城乡规划、住房等相关法规的调整予以支撑，适应城市更新改革需要。三是基于城市更新属地化较强的特点，应给予地方更多的灵活性，鼓励和支持各城市因地制宜，制定更贴近本地实际的法律法规。

2. 构建差异化的城市更新政策体系

我国城市发展差异较大、城市发展阶段不同，不同城市推动城市更新工作的重点任务与侧重点存在差异。总体来看，以北京、上海等为代表的超大特大城市，其城市更新的主要目标是要进一步提升城市发展的内涵品质，实现提质增效；众多大中小城市以及县城开展的城市更新工作则要更多着眼于弥补发展短板，引领转变城市发展方式。当前，先行城市已进入城市更新政策的密集筹备、出台时期，城市更新政策体系持续完善。下一阶段，在实现让城市更加宜居、更加富有活力，让居民生活更美好的城市更新目标下，要重点强化大中小城市以及县城的城市更新政策体系建设。这些城市难以借鉴超大特大城市超前的发展经验，其城市更新政策体系的建设需要依托当前的城市建设管理体系以及部门建制开展工作。同时，一些城市更新政策体系建设中的问题还不宜过早下论断，比如县城的城市更新政策体系应像大城市一样单独构建，还是应融入既有的“双修”、旧改等城市规划、建设、管理相关政策中，还需要顺应城市发展规律，在试点实验中慎重考虑，稳妥有序推进。

3. 完善城市更新行政规范性文件和相关技术标准

从国内城市更新的政策体系构成来看，行政规范性文件作用明显。但目前依然在不同程度上存在乱发文、越权发文的现象，侵犯了城市更新涉及公民、法人和其他组织的合法权益，损害了政府公信力。2020 年以来，城市更新行政规范性文件进入密集出台。应加大对相关文件检查力度，发现存在违反法律法规和国家政策、侵犯群众合法城市更新权益的“奇葩”文件要及时纠正，造成严重影响的，要按照有关规定严肃问责。标准是实施城市更新的技术支撑，是城市更新基础性制度的重要内容。当前我国城市更新相关标准的建设还有空白，应是下一阶段政策体系建设工作的重点。比如，我国一些地方以城市更新单元为基本单位实施城市更新计划，此类型的国土空间详细规划单元涉及改造主体、政府、社会公众、合作企业等多方权益，其规划须统筹考虑多方面因素，除按照国土空间详细规划的技术规范要求编制外，还应根据实际情况推动标准化建设，对城市更新单元的目标定位、改造模式、规划指标、公共配套、土地整备、经济测算、区域统筹以及实施周期等方面做出细化安排。

4. 强化城市更新规划与行动计划管理

统筹国民经济和社会发展规划、国土空间规划、城市更新规划和行动计划的关系，进一步规范城市更新规划和计划类文件的起草、制定原则、标准和流程。其中，城市更新规划是一种专项规划，需在特定城镇空间内实施，因此要根据国土空间总体规划并结合国民经济和社会发展规划相关要求进行编制，编制的内容要扩展到重点领域和区域及实施政策、行动计划等方面，要实现与本地国土空间规划“一张图”校核。同时，城市更新规划与计划经审批后应纳入总体规划和详细规划，推动城市更新规划与行动计划纳入“多规合一”体系。

5. 重视和加强城市更新政策储备

从城市更新政策的发展历程来看，城市更新为新产品、新技术、新理念、新商业模式提供了广阔的应用场景，除了带来庞大的市场需求以外，也创造了巨大的政策需求。这一领域的政策实践通常走在理论前面，很多理论具有滞后性，往往并不能满足最新的城市更新活动和政策实践需要。因此，完善城市更新政策体系，也特别需要加强城市更新理论积累和政策储备，结合我国国情和区域实际，梳理总结政策试点的经验和教训，并鼓励和支持科研机构和智库，开展城市更新需求分析、技术预见和风险评估，加强城市更新战略研究，为城市更新行动提供长期可持续的政策支撑。

二、城市更新中文化活力的多维属性

城市更新是适应城市发展新形势、推进我国城市高质量发展的重要途径。第七次全国人口普查公报数据显示，我国城镇化率已由2010年的50%达到2020年的63.9%，城市内涵集约式高质量发展势在必行。从国内外城市发展经验来看，城市更新不仅是城市存量空间重构和价值提升的过程，更是城市实现文化传承与创新，为城市高质量发展提供新动能的过程。城市更新已经被正式列入我国“十四五”规划，上升为国家战略，各地也在纷纷推进城市“减量增效”。面向未来，在城市更新进程中，如何充分认识城市文化价值、如何激发城市文化活力，需要我们坚持系统观念，在多维分析城市更新与文化发展关系的基础上，明确城市文化活力的形态特征，不断培育和释放城市文化活力，全面提升城市发展质量。

（一）从历史维度看，城市更新迫切需要强化文化传承性

城市是一个“有机生命体”，文化是城市发展的基因与内核。德国著名历史学家斯宾格勒曾提出，一切伟大的文化都是市镇文化，这是一件结论性事实[56]。人类从早期的居无定所，随遇而栖，到现在的城郭安邦，经历了千年的演进与巨变，而从历史的角度来看，人口、经济、社会活动在城市聚集是全球发展的一条普遍规律。伴随着一轮又一轮的技术和产业革命，全球各国纷纷进入“城市社会”，城市以前所未有的力量

在世界范围繁衍成长，创造着巨大的物质和精神财富，并不断孕育和萌发着创新和改变的活力和动力，影响着人类发展的前途与命运。而自古至今，每个城市的产生、成长、成熟的演变过程，都具有文化的可溯源和可持续特征。从城市更新实践来看，无论是过去、现在还是未来，城市更新的质量在很大程度上取决于我们认识、理解和建设城市的思维和方式。无论是为了应对“城市病”问题而被倒逼进行的旧城功能调整和旧居住区改造，还是通过旧工业区文化创意开发、历史文化街区重建为城市经济提质增效，城市更新本身并不能脱离城市发展的历史轨迹而孤立存在，强化文化传承是城市更新的内在要求。同时，在城市更新过程中，文化的保护与传承并不意味着故步自封，城市文化也会随着城市空间发展从“扩张型”向“调整重构型”转变，适应城市经济社会发展新需求，被赋予时代新内涵并融入城市生产、生活、生态中，缓解城市增长压力，改善要素供给结构，创造出新的市场和社会需求，为城市发展注入新的动能。

（二）从比较维度看，城市更新迫切需要强化文化差异性

城市之间的竞争，需要尽可能多地吸引资本和质量较高的劳动力来有效利用土地资源，进而为城市的发展提供持续的动力引擎[57]。城市更新是在挖掘城市传统优势的基础上，进一步培育城市比较优势和形成城市竞争力的重要手段之一。一个城市长期形成的独特地域风情、人文底蕴，既是城市有机的组成部分，也是区别于其他城市的关键特质。在城市更新过程中，保持并凸显城市文化的差异性，有助于巩固城市特质，增强城市政府、企业、社会的共同意识和共同愿景，提升城市发展的向心力和凝聚力。同时，自工业革命以来，在以增加物质财富为主要目标和经济增长至上的发展理念驱动下，伴随自然资源、能源和初级产品的

高投入、高消耗，以及空间的蔓延，城市发展在实现财富积累、文明发展的同时，自然资源消耗严重、土地空间短缺、社会结构失衡等问题也日益凸显。而随着城市发展逐渐从工业时代的以产兴城、人随业走，向信息技术时代的人随城走、重视城市品质和城市人文转变，城市文化的差异影响也更加凸显。在城市更新中强化文化差异性，也有助于在日趋激烈的以人才为核心的城市竞争中，提升城市文化的吸引力和辐射力，增强城市在区域乃至世界竞争中的话语权。

（三）从治理维度看，城市更新迫切需要强化文化包容性

城市不仅是经济增长的发动机，还是为人类发展服务的综合栖息地，更蕴含了人类对美好生活的向往与希望。但是，从世界各国城市史来看，一些发展中国家的城市，都经历过同样的分裂，成为一个西化的现代大都市和更加贫困与传统的都市复合体。在这些城市中，难以言表的贫困、肮脏和疾病与巨大的财富和特权共生，许多传统的道德体系施加的约束不再发挥作用[58]。城市更新是促进城市高质量发展的重要途径，也是不同制度和治理方式在城市层面的具体体现。城市存量空间的再开发和功能的再完善，涉及众多利益主体，不仅需要考量各方经济利益，更需要以文化凝聚共识，牢固社会网络，增强城市更新的社会收益，降低城市更新的社会成本。其中，不能存在城市更新的“增长狂热症”，不能只关注国民生产总值、税收等经济数据，而忽视过度关注经济收益带来的“经济增长的代价”和社会福利损失。需要充分了解和服务居民需求，完善文化传承、创新和传播体系，更好地获得居民认同，让居民在城市更新的过程中感受和分享到城市文化活力提升带来的获得感。同时，对居民个人而言，在现代社会，孤立排他的生活方式也不可能获得高质量的生活，个体生活质量的实现离不开共同体之中每个人的积极参

与，要求每个成员都具有高度的责任感，确保在追求的过程中的共同参与[59]。从历史上看，在改善城市环境的重大运动中，公众的意见往往起了关键性的作用，在有些城市，公众的压力迫使政府废除了大规模的城市开发项目，促进发展更合理的居住规划，制止了盲目推倒历史文化古迹的行为，对城市环境改造和文化传承发挥了重要影响。因此，城市更新过程需要以人民为中心，倡导全民参与、共建共享的城市更新文化，鼓励和支持市民自觉、主动、有序地参与城市更新全过程，在城市更新中培育和贯彻现代治理理念和治理文化，增强城市更新过程和结果的共享性，提升城市治理体系和治理能力现代化水平。

三、城市更新中文化活力的主要形态特征

城市文化是一个城市由于其历史、地理、环境等因素，所形成的特有的价值观念、道德规范、行为准则等。城市文化作为重要的非正式制度形式，存在于城市生产生活活动中，对城市政府、企业、个人的选择行为均具有潜移默化的作用，为城市物质生产、交换、分配、消费提供思想、理论、舆论的引导，在一定程度上规定了城市经济社会发展的方向和方式。同时，长期形成的城市文化场域具有辐射性，能够伴随着城市发展，在时间和空间维度上对城市不同主体产生同向的影响，使得城市整体或城市内部区域形成同质性的文化氛围，进而形成文化环境。而要使得城市的文化氛围和环境更有利于城市发展，则需要保持城市的文化活力。

推进城市更新，是一项长期系统工程，既是城市有机成长和迭代更新的过程，也是保持和塑造城市文化环境、激发城市文化活力的过程，两者存在相互影响、相互作用、相互依赖的联系。当城市更新活动与城

市文化活力塑造方向一致、理念统一时，城市文化对城市更新活动开展的促进作用将更加突出，城市文化也会因城市更新活动的有序开展而进一步得到弘扬和创新。具体而言，城市文化中的主流意识和价值判断准则，会有助于形成更广泛认同的城市更新行动观念，激励政府、企业和个人正向参与行为，从而提升城市更新的整体效益、质量和满意度。同时，合理、规范的城市更新活动的开展也会对城市文化提出要求，促进城市文化环境的不断革新，以适应城市发展的需要。

因此，在推动城市更新实践中，不能仅仅将城市文化活力考虑为某个具体建设项目或推广宣传工具，而需要置身我国城市高质量发展进程中，立足城市文化发展规律和地方发展实际，全面厘清、统筹考虑城市文化活力的主要形态、基本特征和重要载体（如表 7–3 所示）。

表 7–3　城市文化活力的形态、特征及载体

主要形态	基本特征	重要载体
价值形态	城市文化价值特色鲜明，具有显著的文脉延续性和品牌形象	规划
空间形态	城市文化空间结构合理，具有协调的城市风貌和建筑风格	建筑
经济形态	城市文化产业优势突出，具有良好的市场经济价值和创新能力	产业
社会形态	城市文化社会繁荣有序，具有健全的公共文化服务和参与机制	社区

具体来看，在城市更新过程中，城市文化活力主要体现为城市文化的价值形态、空间形态、经济形态和社会形态四个方面。

城市文化的价值形态，主要展现城市文化蕴含的价值导向和品牌形象。城市更新应更加强调规划的引领功能，注重在公开、透明和广泛参与的整体和专项规划中，突出特色鲜明的城市文化价值，体现显著的城市文脉延续性和品牌识别度。

城市文化的空间形态，主要展现承载城市文化空间载体的风貌与形象。城市更新应以建筑风貌为切入点，注重保持城市空间格局延续，丰富城市空间功能，处理好人与环境、建筑的关系，统筹旧与新、传统与现代建筑风格，实现全域空间格局优化和整体城市风貌协调。

城市文化的经济形态，主要展现城市文化的经济价值和创新能力。城市更新应把握产业结构合理化和高级化演进规律，注重推进文化与经济相融合，实现文化与产业双向赋能，在传承与开发中增强城市文化对城市经济高质量发展的贡献。

城市文化的社会形态，主要展现城市文化在保持社会活力与秩序方面的作用。其中，社区是聚居在一定地域范围内的人们所组成的社会生活共同体，同时也是城市公共决策、资源组织、社会自治的集中地[60]。城市更新应尊重市民的文化生活轨迹，以基层社区为基点，提升公共文化服务水平，完善社会参与机制，构建有归属、有温度、有活力的城市基层文化生态。

四、我国城市更新主要面临的文化活力问题

（一）城市文化价值挖掘不够，同质化现象仍然突出

我国快速的城市化进程，不仅带来了城市人口规模的增长，也促进了城市发展与功能再造，重塑着城市空间格局。从当前我国主要中心城市土地开发情况来看，上海、广州、深圳等城市已普遍接近规划建设用地规模总量的上限，开发强度普遍接近市域空间面积的一半，已经处于高位水平，远超发达国家纽约、伦敦、巴黎等世界级城市建设用地占比1/3的标准。在这一背景下，广东等发展起步较早地区，十余年前就进入“盘活存量”阶段，开始“三旧”改造探索。北京、上海的减量发展，也在集约利用土地、改善基础设施硬件环境，优化城市功能等方面取得了显著成效。

但是，总的来看，我国各地的城市更新行动主要以存量空间重构、建设用地结构优化为主。城市更新中文化价值挖掘不够，同质化现象严重的问题仍然存在。部分城市缺乏对自身文化的充分认识和全面系统的战略规划，过度追求短期改造利益，忽略原有城市历史文化遗存真实性、整体性和可持续性，产生了不少肤浅粗糙的仿古街区和伪民俗，使得“千城一面”和过度商业化问题突出。有些城市盲目模仿和简单复制国际经验，城市更新规划和方案或片面求洋求新，或雷同照搬西方模式，缺乏对中西方城市文化发展的比较认识，缺少对城市传统文化资源的系统梳理、深度挖掘和精品打造，不仅割裂了城市文脉，也影响了我国城市的国际品牌形象塑造。

（二）城市风貌缺乏美学设计，空间文化记忆流失较为严重

城市更新不可避免地会涉及对原有城市空间肌理的影响和建筑格局的改变，而富有美感的城市设计、保留城市空间文化记忆的更新项目，则更具传承性和生命力。从历史上看，世界主要城市都在从战略引导、功能塑造与集聚、设施均等化和氛围营造等角度进行城市文化空间塑造[61]。以韩国首尔清溪川为例，其河道上的桥梁是体现首尔城市文化与历史的重要载体，是记录朝鲜时代百姓生活的代表性都市文化遗迹。清溪川的改造复原了广通古桥和水标桥，并以长通桥、永渡桥等古桥的名字重新命名了新建的桥，同时重现了水标桥踏跷、花灯展示等传统文化活动，还在拆除旧高架桥时，在下游河段有意留了3个“残留”高架桥墩，保持了首尔城市记忆的连贯性，不仅有助于人们追忆被遗忘的首尔城市原貌，体会历史与现实的时空感，增强市民和游客对首尔城市精神的文化认同，也使改造工程在建设、传承与发展中延续了城市的文脉。而汉堡港口新城的城市更新工程则对每一座区内的建筑都提出了功能融合的具

体要求，并通过色彩设计，沿用富有汉堡特色的传统红砖材料，使得仓库城、贸易大楼、易北河大桥等传统建筑在新建筑群中并不孤立，实现了传统与现代的有机结合，保持了城市整体风貌的统一。

从我国的实际情况看，部分城市更新项目尚缺乏立足城市发展脉络的城市美学设计和文化空间塑造，往往习惯性按传统房地产开发模式进行，对原有城市街道、建筑等推倒重建、大拆大建，使得城市天际线、城市色彩与建筑风格等与历史文化脱节。还有部分城市在城市更新项目实施过程中，更多地对传统建筑外观进行改造修缮，而忽略了这些建筑所承载的历史故事、风俗民情等文化记忆。经过如此改造后的城市空间，往往以一般性的高档住宅或商用建筑为主，或者只是利用装饰技术对原有建筑外表的简单美化，使得长期积淀的城市文化在重建和修饰中丧失了韵味，城市空间文化记忆流失严重。

（三）城市文化产业竞争力不足，对城市更新带动作用有限

从当前面临的形势来看，大力发展文化产业，是新一轮城市发展和城市更新的必然选择。新冠肺炎疫情全球大流行给世界经济带来了前所未有的不确定性，全球技术、资本、人才等要素资源配置难度增大，城市产业链、供应链将进行较大尺度的重构。而新一轮科技革命、场景应用革命、产业变革同步爆发与世界经济版图调整成为时代发展主线，以文化创意、人工智能等为代表的新产业、新业态纷至沓来，将持续改变城市生产和消费方式。我国经济发展的内在支撑条件和外部需求环境随着世界经济格局的变化也在不断发生改变。随着我国城镇化水平的持续提升和全球最大规模的中等收入群体崛起，加上国家共同富裕系列政策的实施推动，城市文化消费规模将迎来新一轮快速增长，孕育着巨大的发展潜力。

同时，文化产业不仅能够产生经济价值，更有助于聚集富有创造力和包容性的“创意阶层”，为城市更新增加持续的经济动力[62]。例如，20世纪70年代以来，美国就着力推动城市文化设施与商业、商务、旅游设施混合布局，带动旧城发展。英国则更注重文化创意产业对城市更新的作用，伦敦、曼彻斯特、谢菲尔德和伯明翰等城市均制定发展战略，吸引年轻创意阶层与文化创意产业集聚，实现“老城市、新活力”。从我国的城市更新的实践来看，尽管文化产业已经被普遍列为城市更新特别是旧厂房、旧园区、历史街区等更新项目的重点发展领域，但城市文化产业特别是数字文化产业发展相对缓慢，文化旅游产业融合优势不突出，具有竞争力的文化企业缺乏，文化原创能力和市场增值能力较弱等问题依然存在，文化产业对城市更新的支撑和带动作用仍未得到充分发挥。

（四）社会公众获得感不够充分，共治共享机制仍需完善

城市更新项目会对原有居民的社会网络和生活方式造成影响，但也是改善基层服务、凝聚社会认同、增强公众获得感、推进基层治理体系与治理能力现代化的重要契机。目前，我国基层治理形势不断变化，已经给城市更新带来了巨大挑战。一方面，国家与民众间传统的组织化联系弱化增加了基层治理难度。在市场经济不断发展和大规模的人口流动影响下，我国传统上政社高度统一的社会治理体制已经发生根本性转型，国家与民众的组织化联系不断减弱。特别是在城市地区，传统单位形成的“熟人社会”影响逐渐减小，基于陌生人的自治式居住社区往往既缺乏足够的行政动员能力，又缺乏足够的社区凝聚力。另一方面，基层社区满足城市公众需求、应对社会矛盾的压力不断增大。与传统乡村相比，城市居民在衣食住行、教育就业、医疗养老、体育文化等方面需求往往规模更大、内容更细、质量更高，而这些需求往往都在基层社区集中体

现，各种利益表达和各类社会矛盾也在基层社区集聚[63]。城市更新是政府、企业和其他社会力量的相互作用的过程，其中不同主体所依赖的民生逻辑、资本逻辑和权力逻辑支配着中国城市更新的物质形态和社会形态[64]。具体的城市更新项目往往涉及群体多、利益面广，如不能及时回应社会需要，健全治理机制，更容易造成城市更新与基层社区传统治理压力双重叠加。

当前，部分城市更多关注城市更新“看得见”的效果而缺少人文关怀，往往在沿街投入多，背街小巷投入少，生产型设施完善快，生活型配套建设慢，立足社区居民需要、面向基层的公共服务无论在数量还是质量方面都相对不足。同时，基于拆旧建新、提速加码的需要，部分城市更新项目未经公众充分讨论，也很少征询行业专家和专业组织意见，直接对老街区、老厂房、老建筑进行拆除或重建。这种城市更新更多源于一种被动的、自上而下的行为驱动，公众参与渠道不畅通，专业社会组织介入不足，不仅对城市历史文化价值和特色风貌造成了损失，更影响到基层社会心态的稳定。

五、激发文化活力、促进城市更新的实现路径

（一）以规划引领和全生命周期管理为重点，彰显城市特色文化价值

一是在城市更新规划中更加突出文化价值。在编制城市更新规划中，将尊重、保护和延续城市文脉的理念贯彻始终，充分挖掘城市文化资源，系统阐释城市文化价值，明确城市文化品牌，统筹塑造鲜明的地域特色、独特的城市性格、精致的城市空间，并制定详细的实施细则和工作方案。二是加强城市文化价值全生命周期管理。把文化价值纳入城市更新项目规划、建设、管理的全流程，并在项目设计、核发规划、空间推介、土

地供应、建筑方案审查等环节，设立相应监测和考核评价指标。三是加强城市文化价值的交流互鉴。积极拓展国际友好城市网络，主动学习和借鉴国际城市更新、文化保护与开发的先进经验。同时，注重总结我国生动鲜活的案例素材，讲好中国城市文化与城市更新故事，增强我国城市文化的国际传播力和影响力。

（二）以城市设计和“微更新”为重点，营造城市文化品质空间

一是精细化开展城市设计。全面杜绝大拆大建，围绕文化价值主线，结合城市山水格局、环境条件和建筑风格等，提升天际线、视廊、色彩等城市风貌和城市街道、体量、建筑构造等公共界面设计，塑造特色城市空间，让城市留下记忆、让居民记住乡愁。二是推动城市建筑保护与利用。以历史文化街区及各类历史文化遗产类建筑为重点，进行保护、修复与活化利用，注重对历史传统、文化活动、建筑体量等要素的导控，促进建筑风格古今交融、历史文化与时代特色共生。同时，推动城市博物馆、图书馆、文化馆、美术馆、纪念馆等各类公共文化设施改造和新建，加强文化宣传与展示，塑造公共文化建筑新地标。三是注重城市空间“微更新”。特别是针对旧城区权属交错复杂、历史保护要求高、单一更新手段难以推进改造的问题，在统一规划布局，进行渐进式、小切口的局部改造，通过合理的功能置换、特色文化场域塑造，提升城市空间文化品质。

（三）以数字文化和文旅融合为重点，增强城市文化产业实力

一是加快发展城市数字文化产业。在新技术革命驱动下，城市文化生产方式、生产资源配置、生产体系等如何实现数字化转型是关键所在。在推动城市更新过程中，应把存量空间改造升级与文化产业结构升级结

合起来，支持城市骨干文化企业参与城市更新项目，围绕人工智能、虚拟现实（VR）、增强现实（AR）等新技术在文化产业领域的深度应用，改造提升演艺、娱乐、工艺美术等传统文化业态，大力发展数字创意、数字娱乐、网络视听、线上演播、沉浸式体验等文化产业新业态。二是推进城市文旅融合发展。将能够体现地域文化特色的城市更新项目，与旅游景点串珠成链，并将城市文化内容、文化符号、文化故事融入旅游景点，纳入旅游的线路设计、展陈展示、讲解体验，在文旅融合中盘活城市文化资源。三是优化城市文化产业生态。依托城市更新项目，进一步建设和完善文化产业园区、文化创业社区等城市文化产业发展载体，构建便于知识和创意交流、传播的社会网络，营造“创意式生活”的文化氛围，吸引各类“创意群体”集聚，培育城市文化实力提升的产业生态。

（四）以保留“烟火气”和社会共治为重点，涵养城市文化的社会厚度

一是保留城市人居“烟火气”。以社区为中心，从源头夯实城市更新的民生基础，从发展更平衡更充分的角度，回应居民对美好生活的期待，提升更新片区的公共服务质量。完善增补街道级、居委级公共服务设施，在具有产业功能的更新社区，增加洽谈交往型、休闲娱乐型、商务服务型等配套设施，创新建设一批“小而美”的城市书房、文化驿站、文化广场等公共文化空间，持续提升群众幸福感和获得感。二是完善基层公众参与渠道。充分意识到社区对于居民而言，不仅是一个居住空间，更是相互信任的共同体[65]。将基层社会心态塑造、市域社会治理与城市更新结合起来，充分注重民情、采纳民意，发挥“社区议事厅”等参与平台作用，鼓励政府部门、企业、个人互动，鼓励原有居民与新入居民

之间的交流，激发社区居民的自治意识和自我服务管理的潜力，实现多方参与、共治共赢。三是完善城市更新基层社会矛盾防范机制。梳理城市更新涉及的主要矛盾和焦点问题，构建有序有效的矛盾预警机制、利益诉求表达机制、协商沟通机制、救济救助机制，从源头上防范和化解城市更新中可能引发的各类社会矛盾。四是提升城市更新数字治理水平。结合城市更新实际，营造数字治理文化，丰富城市更新数字治理应用场景，建设城市更新数字治理平台，实现线上线下良性互动，推动政府部门组织结构、业务流程、行为关系优化再造，满足不同群体和居民个性化需要。五是发挥专家和社会组织作用。鼓励和支持高校和智库专家以及社会团体、基金会等社会组织在城市更新和文化建设中，发挥专业优势，积极保护传统文化，推动现代文化理念传播，承担城市更新公共空间设计、管理和运行工作，共同营造共建共享的文化氛围。

第八章

产城协调

——产业发展与城镇化绿色融合

中国的绿色城镇化与工业化水平处于快速上升的阶段，且上升趋势显著。目前，大力推动可持续发展在中国已经深入人心，加快绿色转型、走绿色发展之路已经成为中国经济社会发展的重要指导思想。作为可持续发展的两大引擎，绿色工业化和绿色城镇化之间的交互作用，能够推动可持续发展的车轮滚滚向前。

本章主要从制度的角度对中国绿色工业化和绿色城镇化的协调发展进行了分析。首先从中国绿色工业化与绿色城镇化的逻辑关系入手，分析得出绿色工业化创造供给，对绿色城镇化具有显著的推动作用，具体包括为绿色城镇化提供基本动力和生产要素保障以及作为撬动城镇化快速发展的杠杆；而另一方面绿色城镇化创造需求，对绿色工业化具有显著的拉动作用，是绿色工业化发展的必要条件和助力器。接着对中国可持续发展制度现存的问题以及原因进行了深入分析，指出制度问题的背后不仅是人们绿色意识欠缺，更主要的是利益冲突。利益冲突主要存在于政府间、政府与企业、企业与社会、长远利益与短期利益之间等。利益的调整需要适宜的机制和有效的制度，可持续发展需要制度创新。因此，可持续发展的两大动力需要制度创新来确保实现良性互动。目前，影响绿色工业化和绿色城镇化互动的机制主要包括户籍制度、土地制度和社会保障制度等，未来要进一步完善。并在此基础上，构建中国绿色工业化和绿色城镇化促进可持续发展的具体路径。

一、中国绿色工业化与绿色城镇化的逻辑关系

绿色工业化和绿色城镇化能够相互促进，两者相互作用能够促进可持续发展快速向前推进。总体上说，中国绿色工业化创造供给，而中国绿色城镇化创造需求。因此，绿色工业化对绿色城镇化具有推动作用，而绿色城镇化对绿色工业化具有拉动作用。

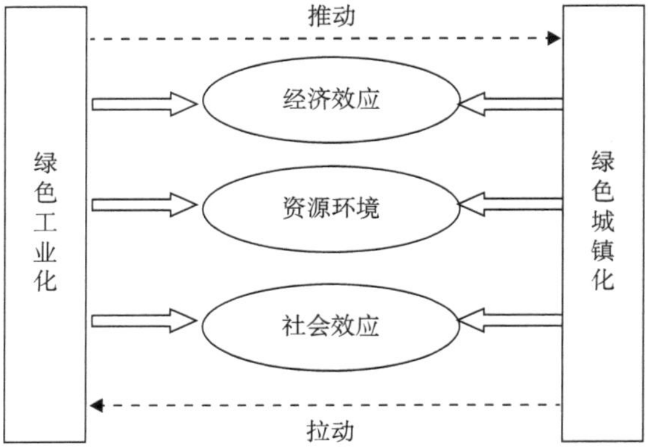

图 8-1　绿色工业化和绿色城镇化相互作用框架图

绿色工业化对绿色城镇化的推动作用主要体现在以下几个方面。

首先，绿色工业化是绿色城镇化发展的基本动力。农业、手工业和商业的分离引发了集镇的出现，改革开放 40 多年来，城镇化的发展实际上是社会化、市场化大生产发展的结果；而推动集镇向更高层次的城镇模式转化，并成为社会经济发展进程中的普遍现象，则要归因于工业革命和工业化的兴起。一个地区的农村居民，当他们的生产方式由传统农业转向社会化、市场化的大生产时，就会逐渐放弃原先的生活方式，完成从农民向城镇市民的转变。工业化进程的推进，可以把农村转移出来的农村剩余劳动力转化为第二、第三产业的劳动者，合理引导他们进入乡镇企业和城镇发展，从而为城镇的发展和壮大提供了充足的人力保障。

因此，工业化的发展是城镇化的先导和“发动机”；同时，工业经济需要集中于一定的地域，工业生产的集中性和规模化是生产力发展的客观要求。工业生产主要集中在城镇及城市，这是由于农村相对孤立和分散，而城镇在生产、人口、消费、财富等方面都比较集中，从而证明工业化是城镇化发展的基本动力。

其次，绿色工业化为绿色城镇化提供了生产要素保障。绿色工业化的快速发展为保障绿色城镇化的发展提供了资本、物质和技术创新等生产要素资源。城镇是工业的主要空间载体，工业是城镇的主要支持物质内容，城镇要建设、要发展，就离不开工业的支撑。一是城镇建设需要大量的资金，随着乡镇工业的发展壮大，乡镇工业利润成为城镇建设的坚强资金基础，而乡镇居民收入水平也有了较大提高，为城镇建设资金准备了条件；二是工业化发展推动的乡镇企业，也可以为城镇化进程提供物质财富基础，城镇建设需要耗费大量的物质材料，如钢铁、水泥、砖瓦等，这些都主要来源于乡镇工业企业的生产与供给；三是城镇的建设与管理要以技术为依托，工业化推动了知识、技术的集聚与扩散，大大加快了技术与管理的创新速度，为城镇发展准备了大量的专业技术及管理人才。

最后，绿色工业化是撬动城镇化快速发展的杠杆。如果绿色工业化水平非常低，必将制约绿色城镇化的快速发展。工业化加速了城镇化的发展，对城镇化具有巨大的推动作用。工业化发展为推进城镇化进程提供了产业支持。城镇化发展和聚集主要是依托非农产业来展开的，而工业是非农产业中的主要组成部分，中小城镇是乡镇企业发展的重要载体，在中国工业化的实现过程中，不断发展壮大非农产业，不断支持、引导乡镇企业推动技术进步、结构调整和体制创新，提高产业间的关联度和乡镇企业整体素质与水平的过程，不断将乡镇企业融入到整个大工业体系之中，通过提高乡镇企业的生产集中度，来把乡镇企业发展和小城镇建设结合起来，有效推动城镇化的快速发展。

随着经济发展，中国已步入工业化中期发展阶段，工业化发展的目标不只是单独工业部门的发展，而是通过工业化，把城镇化和农业现代化有机地融合起来，实现经济社会的全面的可持续发展。在这一重要的发展阶段，工业支持农业，城市支持农村，实现工业与农业、城市与农村协调发展，成为工业化的目标和重要内容。“十二五”时期，中国工业化对城镇化的带动作用将不断加强。中国的工业总量将继续增长，工业总量的增加必然会带动农村剩余劳动力向工业部门转移，从而使得农村的人口流向城镇，促进城镇化的发展。而且“十二五”时期，工业结构调整对城镇化发展产生重要的影响，中国在发展和改造传统工业的基础上，将不断加大对新兴的战略性产业的扶持力度。这些新兴的产业具有高技术含量、高效益、低污染、低耗能的优势，有利于中国经济的可持续发展；同时，其发展能够创造大量的就业机会，其所创造的财富有利于改善城镇的基础设施和各项软硬件条件，为新型城镇化的发展奠定基础。

绿色城镇化对绿色工业化的拉动作用主要体现在以下几个方面。

首先，绿色城镇化为绿色工业化的发展提供了必要条件。城镇化本身是一个人口、资金、技术等方面的集中，伴随着城镇规模的扩大，城镇化进程给工业发展提供了更多的市场机会，特别是为乡镇企业发展提供必要的生产要素支持，如生产资料、消费资料等市场信息；城镇集聚起来的大量人口，本身构成了工业与非农产业的巨大消费市场；城镇集聚起来的大量技术工人和专业人才，更是现代工业发展的必要的人力资源和技术支撑；城镇也促进了产业的集中发展，为工业化提供了更高管理水平和发展水平的平台和载体。

其次，绿色城镇化为绿色工业化的扩展提供了基础性服务。现代工业发展需要有足够的劳动力，相对充足的资金、技术支撑，满足生产要求的厂房和机器设备等；工业化发展进程中，也离不开各种社会服务，如水、电、气、暖、通信、交通等基础性服务，以及咨询、培训、策划、法律等各种中介服务等，而城镇具备劳动力、公共生产性设施、社会事业性设施等集聚优势，可以满足工业发展在这些方面的需要；城镇化提高了劳动力素质和工作效率，带动了劳动力在城乡之间、不同地区之间和不同部门之间进行合理的流动，使劳动力得到合理的组织和更有效的使用，使得劳动之间的分工更加清晰，也为劳动者的劳动素质提高形成了条件。城镇作为工业、服务业发展的载体，城镇规模及其经济容量大小，影响着工业在城镇发展的规模和速度，以及其他工业化要素集聚的规模和速度。城镇基础设施的完善程度，在为工业化发展提供服务和保障的同时也影响了工业化的推进。

最后，绿色城镇化是绿色工业化的助力器。城镇化发展能产生巨大的社会经济效益，通过农村城镇化建立起来的小城镇是城乡产业协调发展的连接带，随着农业产业化链条的延伸，农产品加工业集聚在小城镇；加快农村城镇化，不仅有利于吸收更多的农村富余劳动力就业，减轻人口流向大城市的压力，而且大量人口的聚集，产生了强大的竞争力，有利于提高劳动者素质和工作效率；城镇化是劳动力资源配置的调节器，是调整城市产业结构和就业结构的途径和手段，能够达到优化经济结构，促进工业化进程的目的。

随着城镇化的发展，城镇人口也在不断增加，这本身就是一个非农产业的巨大消费市场，城镇聚集着许多技术和专业人员，也为工业化发展提供了必要的人才保障。工业化发展需要诸如水电、通信、咨询、法律等各种社会和中介服务，而城镇拥有充足的劳动力资源、较为完善的公共基础设施等，恰好满足工业发展的需求。如果城镇化水平不高，相应功能缺乏，或者在城镇以外的地方发展工业，这将势必增加社会成本，从而导致经济效益低下。绿色城镇化的发展有利于推动绿色工业化的进程。绿色城镇化的过程就是人力资本、经济要素和技术资源的空间集聚过程。这种集聚的意义在于，通过人口的集聚带动人才和科技资源等其他要素的集聚，促使技术创新和升级，提升区域经济规模，优化生产力要素，重构产业链，有效降低发展成本，充分实现大中小城市功能互补，切实保障基础设施共建共享，促使资源的集约和节约利用，提高了经济效益，产生一种结构性优化和功能性提高的综合效应。

二、绿色工业化与绿色城镇化互动的制度因素

作为中国可持续发展的两大动力，绿色工业化和绿色城镇化的协调发展至关重要。两者协调发展能够促进可持续发展快速推进，两者不协调发展时，就会对可持续发展产生制约力。绿色工业化和绿色城镇化的协调发展至关重要，而两者的协调发展离不了制度的保障。美国著名的制度经济学家、旧制度经济学的创始人约翰·罗杰斯·康芒斯（John Rogers Commons）认为经济体系发展和运转的关键是政府，政府是采取集体行动和进行变革的首要工具。制度对经济发展具有重要影响，而中国可持续发展进程中的工业化和城镇化进程同样离不开制度的重要作用，深入分析中国可持续发展两大动力协调发展背后的制度因素，力求对中国可持续发展过程中的绿色工业化和绿色城镇化有更加全面深入的理解。本研究在对可持续发展中的制度因素分析的基础上，从战略层面解释了绿色工业化和绿色城镇化不相协调的原因，并结合中国发展实际，分析了保障绿色工业化和绿色城镇化互动的主要制度因素。

国内外学者从制度角度对城镇化和工业化互动进行了大量理论和实证研究，重点集中于对中国城镇化发展滞后的制度因素分析。目前，主要形成了两种观点，即重工业优先发展战略是导致中国城镇化发展滞后的原因以及计划经济体系和二元经济结构是城镇化滞后的根源。

坚持第一种观点的学者认为新中国建立之后实行的优先发展重工业的战略是导致中国城镇化滞后于工业化的主要原因。以 R.J.Krikby、Cannon 和美国华裔学者陈金永为主要代表，他们分别从城市发展、工业布局、资金供给等三个不同的角度进行了论述。R.J.Krikby（1985）认为，是新中国重工业优先发展的战略直接导致了中国城镇化发展的滞后。他认为，新中国城镇化的缓慢增长是由于过分注重既定的工业化大目标的缘故。为了实现这一目标，中国忽略了城市基础设施的建设和农村经济的扩大生产，而削弱了城市进一步发展的后劲。Cannon（1990）认为，是新中国在特定的历史和政治背景下做出的工业化战略选择，即新中国工业向“三线”地区分散的工业发展布局，导致了工业发展难以形成集聚效应，而这恰恰是城镇化发展中最主要的拉动力。正是工业劳动力的不足，才阻碍了中国城镇化的进程。温铁军（2003）认为，中国城镇化发展滞后的根本原因是国家重工业优先的发展战略。重工业的优先必然导致城乡经济发展中的结构性偏差。随着工业化的推进，国家城乡经济发展中的这种结构性偏差不断扩大，则必然导致城镇化发展停滞不前。另一方面直接导致城乡长期分割的二元户籍制度又进一步加剧了这种状态。

坚持第二种观点的学者认为中国长期以来形成的城市二元结构和计划经济体系所产生的制度障碍才是中国城镇化发展滞后的制度根源。以 Weiskopt Thomas E 和 seeborg 等人为主要代表。Weiskopt Thomas E（1980）认为，中国存在着一个源于本国封建社会后期的传统城市体系和一个源于资本主义发达国家影响的城市二元体系。这两个体系的相互作用所产生的制度缺陷，是导致中国城镇化进展缓慢的内在原因。并认为，中国的城市二元结构有别于其他发展中国家的二元结构：一是二元结构并不明显，一体化程度高，低等级中心与高等级中心有较多重合，便于技术呈等级扩散；二是比例效应法则不鲜明，城市的增长速度与其规模并不呈明显的正相关；三是中小企业在各城市的分布相对均衡。Lin（2002）则认为，是中国长期以来的计划经济体系所产生的制度障碍导致了中国城镇化发展的滞后。他认为，户籍制度是中国城乡二元社会结构划分的基础，从 1958 年开始，户籍制度就和计划经济下的统购统销制度、人民公社制度、城市劳动力就业和社会福利保障制度等联系在了一起，维持着城乡二元结构的存在和发展，并进而阻碍了中国的城市化进程。

综上分析可知，城镇化与工业化发展不协调的制度约束明显，两者的良性互动需要相应的制度作为保障，随着经济社会的快速发展，中国可持续发展进程中的工业化和城镇化领域的许多制度都取得了突破，但是仍然存在一些约束问题，本章从正式制度、非正式制度以及制度的实施机制三个方面对此进行深入分析。

（一）绿色工业化与绿色城镇化互动的正式制度

正式制度又称正式规则或硬制度，是约束人们行为关系、有意识地面对全部社会经济活动或有针对性地根据某一领域活动而制定的一系列法律规则和契约安排，包括宪法、法律、财产权利等。其约束力主要来自国家的强制力，主要用来明确社会分工中各类不同利益集团之间的职责和义务，这些规则可以细分为界定分工责任的规则、选择规则、惩戒规则和度量规则等。正式制度安排中规则的变动和修改需要得到受这一制度安排管束的一群（个）人的准许。影响绿色工业化与绿色城镇化互动的正式制度主要有户籍制度、土地制度以及社会保障制度等。

1. 户籍制度

中国户籍制度的产生和发展有其独特的社会政治原因，从中华人民共和国成立至今，中国的户籍管理制度经历了松—紧—松的变迁过程。从新中国建立到1957年中国实施居住地户口登记，此阶段人口自由迁移；1958年中国实施严格的户籍管理制度，旨在控制农村居民向城镇迁徙；1984年中国的户籍制度适当放松，开始了渐进式的户籍制度改革，逐渐放宽农转非的条件，加强小城镇户籍制度改革；1998年之后进一步放松农民进城的限制条件，尽管如此，中国独特的户籍制度严重影响了城乡人口的自由流动。在人口自由流动的情形下，农村人口的非农化过程与城镇化的步伐原则上一致，但现实情况是，转移出来的大量农村剩余劳动力难以成为真正的市民，徘徊于城乡边缘地位。因此，现行户籍制度本质上是严格限制了农业劳动力的转移，导致工业化快速发展过程中的劳动力需求也难以得到满足，劳动力配置结构不够合理，造成中国人口城镇化发展缓慢。

2. 土地制度

土地制度对城镇化与工业化的制约作用体现在土地的流转上，而影响土地合理流转的因素主要有三方面。首先是农村土地产权归属问题。农村土地属于农村集体所有，但是在农村集体对土地的实际占有、使用、收益和处置权利的归属问题上中国还没有建立一套完整的、与市场经济发展要求相一致的产权制度。产权主体缺位造成产权不明，以至于农民无法按照市场经济原则进入土地金融市场获得土地收益，从而使广大农民难以分享土地增值的成果。其次，农民进行土地流转的风险相对较高。中国农村土地产权市场还不规范，非法土地转让交易存在于中国很多农村地区，由于信息不对称，农民转让土地后往往不能得到应有的土地转让金，或者不能按照农民预期的价格获得相应的土地转让金，而中国农民普遍都属于风险厌恶者，因此这会影响农村土地的合理流动。最后，土地征收过程中容易滋生制度性寻租。随着工业化和城镇化脚步的加快，对农村土地的开发利用成为一种趋势。土地作为特殊的资源，中国土地征收往往属于政府强制性行为，政府为了共同利益需要依法对农村土地进行征用并对农民进行相应的补贴。在工业化和城镇化快速推进的过程中，用地紧缺和土地需求的急迫性造成用地者在用地申请和审核中采取制度性寻租的方式，制度性寻租的存在在一定程度上刺激地方政府运用低价征用土地，极易带来一系列的社会问题。

3. 社会保障制度

在城镇化建设中，农村剩余人口从土地中转移到城市是实现城镇化的前提条件，而人口能否转移在很大程度上取决于农民进城后的生活和工作保障。由于经济发展和历史原因，中国的社会保障制度在很长一段时期都属于城乡分开的制度，因此中国的社会保障制度在很大程度上是传统城市居民的社会保障制度，覆盖面和作用都相对低下。而转移到城镇的很多农民并没有被纳入城市居民社会保障体系中来，农民未能真正获得“市民”的身份，这也是影响中国城镇化进程的重要原因之一。而对于进城务工的农民而言，由于劳动报酬和劳动保障体系的不完善，农民工的流动性极强，随着农民工用工成本的快速上升，企业用工荒现象逐渐显现，严重影响企业的发展壮大，进而对中国的工业化进程产生影响。因此，在社会保障体系不完善的现实面前，一方面是城镇化的速度低下，另一方面是工业化的进程受阻。

（二）绿色工业化与绿色城镇化互动的非正式制度

非正式制度又称非正式规则或软约束，是与正式制度相对的一个概念，是指从未被人们有意识地设计过的规则，主要包括风俗习惯、传统道德、宗教信仰、意识形态以及社会谴责和行为规范等。在非正式制度中，意识形态处于核心地位，借助于风俗习惯、传统道德、宗教信仰等的辅助作用，成为正式制度的理论基础和思想准则，在形式上往往构成了某种正式制度的“雏形”。非正式制度安排中规则的变动和修改纯粹是个人的行为，用不着也不可能由群体行动完成。影响绿色工业化与绿色城镇化互动的非正式制度主要有农民的乡土情结和难以融入等。

乡土情结是中国几千年来社会经济发展过程中农民对土地的一种淳朴敦厚的感情，农民对土地的渴望和热爱由来已久。土地是农民赖以生存的物质基础，拥有土地农民心里才觉得踏实，这是几千年来农民对于生存的本能反应。尽管改革开放以来，在经济的快速发展的洪流中很多农民涌入城镇，但他们“离乡不离土”的思想根深蒂固，在城镇打拼多年终归故土是他们最真实的心愿，因此，在这种浓厚的乡土情结下，中国城镇化发展缓慢。在现代社会发展的冲击下，很多新生代农民工对城镇生活的渴望要远大于父辈，他们大多愿意融入城镇生活，但同时由于生活习俗、教育水平等方面的差异，很多农民工甚至受到排挤和歧视，造成他们从心底里与城市有距离，无法真正融入城市生活，这都是导致城镇化发展滞后的重要因素。

（三）绿色工业化与绿色城镇化互动的实施机制

制度的实施机制是保障制度是否有效的关键，离开了实施机制，任何制度都形同虚设，政府作为制度供给和实施的主体，在保障制度实施方面具有至关重要的地位，而政府在工业化、城镇化进程中的行政管理模式影响了可持续发展两大动力的互动。

实现绿色工业化和绿色城镇化的良性互动发展是一个庞杂而艰巨的系统过程，需要中国各级政府、各地方政府的协调和通力合作，但是在基于行政区划分块管理的地方行政模式下，地区之间往往各自为政，而各地协调机制相对落后，严重制约着工业化和城镇化的整体推进。从工业化创造供给，城镇化创造需求的角度来看，不同地区的绿色城镇化和绿色工业化水平和速度存在差异，而要达到可持续发展的供需均衡，需要站在全局的角度对各区域的绿色政策进行调整，通过整体资源的合理配置和流动达到供需均衡，实现绿色城镇化和工业化的良性互动，而在目前的行政区划下，各地区作为相对独立的竞争主体，要形成相对统一的发展目标还很困难。

综上而看，坚持绿色工业化与绿色城镇化互动发展是实现中国可持续发展的重要途径，也是落实科学发展观、实现社会主义现代化的要求。制度对中国绿色城镇化和绿色工业化的重要性显而易见，构建并逐步完善绿色工业化和绿色城镇化良性互动发展机制具有重要意义。首先，逐步完善各项正式制度。未来进一步完善影响可持续发展的各项正式制度，包括户籍制度、土地制度、社会保障制度等。逐步推行户籍制度改革，力求实现人口的自由流动；构建城乡一体的社会保障体系；探索建立产权清晰、流转顺畅的土地流转制度。其次，加强非正式制度建设。加强非正式制度建设，为绿色工业化和绿色城镇化互动发展提供良好的软环境，包括加大对农村转移人口的技能培训，帮助新生代农民工积极融入城镇生活，加强产业结构调整，增强第三产业的就业吸纳能力。最后，要强化绿色工业化和绿色城镇化建设中政府的核心地位，建立中央政府统一领导、各地方政府联动的协调推进机制，强化政府间的利益协调和整体规划，实现资源配置最优化从而获得利润最大化，同时处理好政府与市场、政府与个人、政府与企业等多方面的矛盾，构建群体利益诉求机制。

第九章

高质量发展

——建立城镇化质量评价体系

党的二十大报告指出：深入实施新型城镇化战略。新型城镇化是以城乡统筹、城乡一体、产城互动、节约集约、生态宜居、和谐发展为基本特征的城镇化，是大中小城市、小城镇、新型农村社区协调发展、互促共进的城镇化。“新型城镇化”概念首次提出是在2002年，大致可以划分为初始起步阶段（2012年及以前）、爆发增长阶段（2013—2016年）和稳步深化阶段（2017年至今）。本课题将构建新型城镇化的理论模型，从城镇人口、城镇公共服务、城镇基础设施、城镇资源环境、制度等基本要素出发，分析城镇化质量的理论内涵，为构建科学的城镇化质量评价指标体系提供理论支撑。

学者们对“新型城镇化”的本质内涵存在不同看法。谢锐（2018）等认为新型城镇化就是人口、经济、空间和社会四位一体化的城镇化。陈明星、叶超、陆大道（2019）认为新型城镇化不再是只实现人口城镇化，城镇人口数量也只是新型城镇化发展的一方面，而实现人的城镇化才是新型城镇化发展的本质。赵娜（2020）从五大发展理念出发，认为新型城镇化发展质量应该体现创新、共享、绿色、协调、开放的思想，采用改进熵值法测度中国新型城镇化发展质量。方创琳（2019）认为高质量发展的新型城镇化就是走一条低消耗、低污染、低排放、高综合效应的集约型发展道路。张克丹（2020）认为推动新型城镇化高质量发展首先要充分发挥中心城市和城市群的带动作用，促进中心城市和城市群的协调发展，实现资源、人口、产业的合理配置。

一、中国城镇化质量评价体系的构建

城镇化质量评价是分析新型城镇化的重要工作之一。目前，对城镇化质量评价进行系统科学的考察也是十分必要的。本节将构建城镇化质量的测评体系，运用相关数据对我国近十年的城镇化质量水平进行定量分析，力求大致把握我国城镇化质量的现状，并能对城镇化发展中存在的矛盾和难题进行一定的监测和反馈，为相关管理部门提供一定的决策依据。同时进行城镇化质量的分析也能够加强国际比较，便于查找出与国外城镇化建设较好的地区的发展差距和需要改进的薄弱环节，同时也能与国外城镇化建设步伐相似的地区相互借鉴。

（一）指标体系的构建依据

城镇化质量评价指标体系的构建有赖于对城镇化质量内涵的解析。城镇化质量内涵十分丰富，提升城镇化质量即实现城镇人口、经济与资源、环境相协调，完善公共服务和基础设施，城镇化质量是结果和过程、静态和动态的统一。

1.“以人为本”是城镇化质量的核心要求

“以人为本”是绿色城镇化的核心要求，坚持以人为本，就是要从根本上保护人民的利益。2013 年 12 月，习近平同志在中央城镇化工作会议上指出：“城镇化与工业化一道，是现代化的两大引擎。走中国特色、科学发展的新型城镇化道路，核心是以人为本，关键是提升质量，与工业化、信息化、农业现代化同步推进。要以人为本，推进以人为核心的城镇化，提高城镇人口素质和居民生活质量，把促进有能力在城镇稳定就业和生活的常住人口有序实现市民化作为首要任务。”中央城镇化工作会议把解决好人的问题作为推进新型城镇化的关键，推进城镇化的主要任务之一就是推进农业转移人口市民化，并从目前我国城镇化发展要求出发，“主要任务是解决已经转移到城镇就业的农业转移人口落户问题，努力提高农民工融入城镇的素质和能力”。[①] 2014年3月16日，中共中央、国务院印发的《国家新型城镇化规划（2014—2020年）》（以下简称《规划》）指出，《规划》是今后一个时期指导全国城镇化健康发展的宏观性、战略性、基础性规划，通过制定实施《规划》，努力走出一条以人为本、四化同步、优化布局、生态文明、文化传承的中国特色新型城镇化道路，对全面建成小康社会、加快推进社会主义现代化具有重大现实意义和深远历史意义。

“以人为本”就是要保证人的自由平等的权利。要始终把实现好、维护好、发展好最广大人民的根本利益作为党和国家一切工作的出发点和落脚点，尊重人民主体地位，发挥人民首创精神，保障人民各项权益，走共同富裕道路，促进人的全面发展，做到发展为了人民、发展依靠人民、发展成果由人民共享。绿色城镇化实现“以人为本”就是保证城镇化的发展成果由人民共享，保证人们对全面而自由发展的要求，对城镇化整体成果的满意。“以人为本”的绿色城镇化要促进人与城镇的健康发展，注重人们精神生活品质的提升，处理好人与城镇的关系，解决城镇化建设中人们的医疗、社保、住房、就业等方面的需求。“以人为本”要求人与自然的和谐发展。大自然的发展有其自身的发展规律，我们在发挥人们主观能动性的同时，必须注重人与自然和谐发展，正确处理人与自然的关系。在城镇化的建设中，要充分考虑资源承载力和环境保护，以尊重自然界的客观规律为前提来进行城镇化建设，保障人们的生活环境质量。

---

① 习近平在中央城镇化工作会议上发表重要讲话［EB/OL］. 2013-12-14，http：//news.xinhuanet.com/politics/2013-12/14/c_125859827.htm.

2. 城镇化质量需公共服务水平的提升

中国经济的高速发展，特别是以工业和现代服务业为主要支撑的城市经济的发展和相关产业结构的根本性调整，使得农业在国民经济中的占比和从事农业的人口都明显下降，这是工业化进程的必然结果。城市化率的提升刺激了经济发展，大规模的基础设施建设，创造了大量的就业岗位，也带动了居民的收入。不难发现，那些城镇化率高的城市也是社会发展和公共服务水平最高的城市，它们吸收了大量的优质公共服务资源，事实上造成了“虹吸效应”和“洼地效应”。

但值得注意的是，中国在城市化推进的过程中，这些大城市的“城市病”却没有丝毫的减少，环境污染、交通拥堵、资源枯竭等都是城市进一步发展面临的重大挑战。同时，我们也要清醒地认识到，中国的城市化率是以人口的城市化为主要指标，而相应地缺乏以公共服务为依据的城市化率指标；相当多的时候，是人口被城镇化了，但配套的各种服务却没有跟上，事实上的城乡“二元”差距并没有消失，甚至在有的时候，某些地方出现了农民“被城市化”和“被上楼”的现象，既违反了城镇化的目的和客观规律，也造成了资源配置的扭曲。实际上，从某种意义上说，公共服务的城市化要比人口的城市化更有意义，衡量城镇化率不仅要看人口，更要看服务。

城乡公共物品的差异化供给日益演化成社会的突出矛盾，开始严重制约着社会的科学发展、和谐发展，一切建立在“二元”结构基础上的社会政治、经济制度安排，开始遭遇现代化过程必然带来的一系列深刻的制度伦理拷问。因此，城市化率的提高必须伴随着公共服务水平的提升和城乡“二元”差异的缩小，而不能再让农村、农业为城市化做出牺牲。城镇化率的最终目的应该是使得所有居民都能享受到较高水平的公共服务，所以能否通过公共服务水平的提高，真正实现城镇化率的有效提升，直接关系到是否能够全面建成小康社会这个总目标。

在推动城市公共服务水平提升过程中的方法路径有很多，其中发挥公共财政的作用是必须的。这就要求财政既要有结构性的转型也要有财政功能转型，需要更多发挥民生服务型的财政功能。公共财政要以打造和谐发展的民生幸福城市为目标，调整财政支出结构，侧重民生福祉，逐步建立和完善比较完整、可持续的基本公共服务体系，满足居民多元公共服务需求。财政要重点发力在以下几个领域：加大教育投入，提升教育的现代化水平；优化公共卫生资源配置，增强公共卫生服务能力；完善社会保障，构建适度普惠型的社会福利体系；加大环境保护和生态建设投入，打造生态安全体系。此外，现代城市公共财政应当承担起促进经济转型的功能，发挥财政在加快转变经济发展方式方面的“软约束”和影响力，增强公共财政的政策功能和宏观调控能力，以提升公共财政的资源要素配置效能为目标，通过有效促进经济结构的战略性调整，加快转变经济发展方式的步伐。

3. 城镇化质量需基础设施建设的支撑

城市基础设施是一个复杂的综合性系统，基础设施主要由以燃气、供热、电力为代表的能源系统，供排水系统，以邮政、电讯和网络为代表的信息系统，交通运输系统，城市环境卫生和城市生态环境保护系统，城市防灾系统等部分组成。城市基础设施是城市赖以生存和发展的重要基础条件，是城市经济不可缺少的一个组成部分。城市各项功能的不断演变和不断强化以及城市居民对生活质量和环境质量要求的不断提高，使得作为城市社会经济活动载体的城市基础设施日益受到人们的重视。近 20 年伴随城市化我们进行了大量的城市基础设施建设，但由于基础设施建设中历史欠账过多，以及建设主导思想的错位，城市基础设施对城市发展的制约作用日益显现，抵抗自然灾害的能力和城市运行能力严重不足。

目前，中国城镇基础设施建设仍然滞后于城镇化发展的速度，不能满足未来快速城镇化和人口集聚的需求，也不能充分满足城乡居民对更加宜居、更加智慧和更加幸福的现代城市生活的需求。城镇化过程中城乡基础设施建设不足，会带来城市化发展的“城市病”，并带来城镇化过程中城乡发展、区域发展的不平衡。中国城乡区域间的基础设施建设存在显著的不平衡性，例如在北京、上海、广州等中心城市具有较强的财政投资能力，教育、医疗资源丰富，各项基础设施投资发展很快，但是在城乡、东部地区和中西部地区之间，城乡基础设施和公共服务仍然存在显著差异。

中国未来面临快速和大规模的城镇化发展阶段，为了提高城镇化质量，需要进一步加强城镇化过程中基础设施和公共设施建设，并以此提升城镇化的能力，来支撑城镇化过程中的人口集聚，并从更高水平的基础设施建设来建设智慧城市，促进城市更加现代化和智能化，建设生态城市和可持续的城镇化。

4. 城镇化质量需防止资源环境的制约

城市，自从诞生以来就是人类活动的重要场所，它积聚一定地域范围内的物质、资金和技术等资源，从而逐步演变成为经济活动的中心，并得到了空前的繁荣和发展。在过去的半个世纪里，大量乡村人口涌向城市，加之城市人口的自然增长，使得城市化水平不断提高。城市作为消费者，利用其生产系统消耗非再生资源和可再生资源，为居民提供生产和生活服务；同时，城市作为摧毁者，也由于不合理利用资源，造成资源的大量消耗和浪费。城市对资源的消耗，特别是对非再生资源的消耗，虽然满足了城市化发展的需求，但也必然成为城镇化质量提升的制约因素。

提升城镇化质量的水平，本身就要达到资源集约利用和减少环境污染，实现绿色发展。资源作为城市化可持续发展的物质基础，对于城镇化质量提升起着至关重要的作用，缺乏或失去资源，人类将无法生存，更不可能实现城镇化可持续发展。提升城镇化质量，就要求在一个特定的城市区域和自然空间内，以节约资源、提高技术、改善环境等为主要手段，推动城市经济增长、财富增值、社会进步，优化城市结构、功能并使其与外部的资源、环境、信息、物流和谐一致，在满足城市当前发展需求和正确评估城市未来需求的基础上，满足城市未来发展的需求。因此，保证资源的可持续利用是实现中国城镇持续发展的重点。

城镇发展是以资源的可持续性利用为前提和基本保障的，在此基础上不断追求其内在的自然潜力得以实现的过程，这种可持续性也是城市发展的本质特征，它可以通过科技进步和政府干预得以实现。对可再生资源，要将开发速度保持在资源的再生速率之内，同时保护资源再生所依赖的生态系统，保护生物多样性和生命支持系统；对不可再生资源，通过科技进步和干预手段降低自然资源的耗竭速率。在中国城市化发展进程中，要把保护非再生资源和最大限度地利用可再生资源，以及循环利用资源作为城市化可持续发展的基本原则，进而探寻一种最佳的生态系统和土地利用的空间构型，实现经济、社会、资源的协调发展，达到经济效益、社会效益和生态效益的最大化。

（二）指标体系的构建原则和内容

对我国城镇化质量进行科学、客观的评价，是为了更好地认识和掌握我国城镇化的发展和进展，同时也是对我国城镇化发展经验进行系统总结的重要工具。

1. 指标体系的构建原则

本节在系统分析我国城镇化的发展状况的基础上，通过构建一套科学的城镇化发展质量指标体系，来对我国城镇化发展程度进行测评。为了使得评价工具的测评结果更加科学、准确、客观，我们需要遵循一系列的原则。

首先是科学性原则。科学性原则要求我们在构建指标体系的过程中严格遵守各项客观规律，充分把握当前的经济社会等客观背景，这就要求我们在构建城镇化质量的评价体系时，要对城镇化质量的内涵、当前发展的主要状况，以及城镇化发展的大背景有一个充分的了解。我们所要构建的指标体系，要求具有一定的涵盖面，能够反映出城镇化质量定义所包含的主要方面。城镇化是一个综合复杂的系统的工程，这就要求各个指标也是一个系统的整体。城镇化质量涉及经济、社会、环境、科技等各方面，是一个复杂的系统性概念，我们要从不同的视角来构建指标体系，以此体现城镇化发展不同方面的有机结合。

其次是可比性原则。可比性原则是指对各指标在统计口径和计量方法、时间和使用的范围等必须要明确，保持所选指标的属性一致才能便于进行横向和纵向的比较。这就要求我们在构建指标体系时，要保证指标的评价尺度的统一，或者能够通过对指标数据进行相应的选取达到指标可比的要求。可比性还要求我们要吸收国内外研究城镇化的通用可量化的指标，这样不仅仅确保指标能够进行国家间和地区间的比较，还使其能够更加深入地分析城镇化的发展水平及横向差异。

再次是可行性原则。可行性原则包括指标内容的可行性和指标数据的可操作性。指标反映内容的可行性是评价指标必须与城镇化质量的内涵相结合，在指标的选择上，要立足当前城镇化建设的现状，把握城镇化质量的本质，选择最具代表性最有概念性的评价指标，同时要避免造成指标的重复和交叉；指标的可操作性是指各项指标要尽可能通过各类统计年鉴、统计报告和其他可供查阅的资料中获得，或者能够通过统计计量方法对现有资料进行简单的加工处理即能够满足测评要求，同时，各项指标数据要能够量化成为可操作的指标，定性的指标或者无法量化的指标尽量少用，这样才能更好地运用所构建的指标体系来进行下面的测评工作。

最后是动态性原则。城镇化建设是一个不断发展和持续改进的阶段，因此我们在构建城镇化质量评价体系时应当反复考虑动态变化的特点，选择既能够量化又能对城镇化质量运行状况进行动态描述的指标，以达到对城镇化水平进行动态的测度。同时，这也要求，在未来城镇化质量的测评工作中，测评指标体系应随着经济社会形势和背景等客观条件变化而有所调整，这样才能更加客观、综合地反映城镇化质量的真实水平。

2. 指标体系的内容

城镇化发展质量，不仅仅要考虑传统的城镇化的状况，还要充分考虑生态环境对城市发展的承载能力，确保城市发展的生态屏障安全，努力保持城市系统与环境系统之间的平衡稳定，把城镇化与城市生态化结合起来，走环境友好的城镇化道路。城镇化的生态环境标准应该首先具有开阔空间、新鲜空气、洁净水源以及宜人的绿色环境等自然生态本底。城镇生态环境是城镇化绿色度体现的基础。

课题将以城镇化质量为核心，以反映人口市民化为重点，从城镇人口、城镇公共服务、城镇基础设施、城镇资源环境等四个方面，建立科学反映城镇化质量的综合评价指标体系。对中国城镇化质量进行科学、客观的评价，是为了更好地认识和掌握中国城镇化的发展和进展。本研究选择城市人口占比、城市人口密度来表示城镇化质量的人口状况；选择城乡收入比、住房保障支出占财政支出比、社保支出占财政支出比、每千人拥有的医护人员数量、养老保险人数占比、人均受教育年限来代表城镇化进程中的公共服务水平；选择用水普及率、燃气普及率、人均城市公共交通运营线路网长度、R&D 全时人员当量来代表城镇化进程中的基础设施水平；选择单位 GDP 能耗、单位 GDP 水耗、生活垃圾无害化处理率、工业二氧化硫去除率、工业废水化学需氧量去除率、工业氮氧化物去除率、工业废水氨氮去除率、人均公园绿地面积、建成区绿化覆盖率、工业固体废物综合利用率来代表城镇化进程中的资源环境状况。

所有指标采用均权，因此，本研究构建的指标体系如表 9–1 所示。

表 9–1　城镇化质量评价指标体系

一级指标	二级指标	指标属性及逆处理	指标权重 %
人口	城市人口占比	正	12.5
	城市人口密度	负（取倒数）	12.5
公共服务	城乡收入比	负（取倒数）	4.17
	住房保障支出占财政支出比	正	4.17
	社保支出占财政支出比	正	4.17
	每千人拥有的医护人员数量	正	4.17
	养老保险人数占比	正	4.17
	人均受教育年限	正	4.17
基础设施	用水普及率	正	6.25
	燃气普及率	正	6.25
	人均城市公共交通运营线路网长度	正	6.25
	R&D 全时人员当量	正	6.25
资源环境	单位 GDP 能耗	负（取倒数）	2.5
	单位 GDP 水耗	负（取倒数）	2.5
	生活垃圾无害化处理率	正	2.5
	工业二氧化硫去除率	正	2.5
	工业废水化学需氧量去除率	正	2.5

续表

一级指标	二级指标	指标属性及逆处理	指标权重 %
资源环境	工业氮氧化物去除率	正	2.5
	工业废水氨氮去除率	正	2.5
	人均公园绿地面积	正	2.5
	建成区绿化覆盖率	正	2.5
	工业固体废物综合利用率	正	2.5

本研究数据来源于2012—2022年的《中国统计年鉴》《中国人口和就业统计年鉴》《中国城市统计年鉴》《中国环境统计年鉴》。

（1）城镇人口占比

城镇人口占比是传统城镇化率测评的关键指标之一，该指标是指城镇人口占总人口的比重。计算方法如下：

$$城镇人口占比=\frac{城镇总人口}{总人口}\times100\% \qquad （式9-1）$$

数据来源：2022年中国统计年鉴。

（2）城市人口密度

城市人口密度是指单位城市面积内容纳的人口数，该指标反映了城市居民的生活环境的密集度，是城镇居民生活质量的重要方面之一。该指标使用城市总人口与总面积的比表示，具体计算过程如下：

$$城市人口密度=\frac{城市总人口}{城市总面积} \qquad （式9-2）$$

资料来源：2022年中国统计年鉴。

（3）城乡收入比

该指标反映了城镇居民和农村居民的收入差距，是反映城镇居民生活质量的重要指标之一，具体计算过程如下：

$$城乡收入比=\frac{城镇居民人均可支配收入}{农村人均纯收入} \qquad （式9-3）$$

资料来源：2022年中国统计年鉴。

（4）住房保障支出占财政支出比

该指标反映了城镇居民的住房情况，具体计算过程如下：

$$住房保障支出占财政支出比=\frac{住房保障支出}{一般性公共财政支出} \quad （式 9–4）$$

资料来源：2022 年中国统计年鉴。

（5）社保支出占财政支出比

该指标反映了城镇化进程中的社会保障情况，具体计算过程如下：

$$社保支出占财政支出比=\frac{社保支出}{一般性公共财政支出} \quad （式 9–5）$$

资料来源：2022 年中国统计年鉴

（6）每千人拥有的医护人员数量

该指标反映了城镇化进程中的医疗服务情况。

资料来源：2022 年中国统计年鉴。

（7）养老保险人数占比

该指标反映了城镇化进程中的社会养老保险情况，具体计算过程如下：

$$养老保险人数占比=\frac{参加养老保险人数}{总人口} \quad （式 9–6）$$

资料来源：2022 年中国统计年鉴，中国人口和就业统计年鉴。

（8）人均受教育年限

该指标反映城镇化进程中人们的受教育情况，是某一特定年龄段人群接受学历教育的年限总和的平均数。

资料来源：2022 年中国统计年鉴，中国人口和就业统计年鉴。

（9）用水普及率

用水普及率指在我们测算的报告期末，城区用水人口数与城市人口总数的比率。该指标反映了城市居民的资源利用情况，具体的计算公式

如下：[①]

$$用水普及率=\frac{城区用水人口（含暂住人口）}{城区人口+城区暂住人口}\times 100\% \quad （式 9-7）$$

资料来源：2022 年中国统计年鉴。

（10）燃气普及率

燃气普及率指在我们测算的报告期末，地区使用燃气人口数与地区人口总数的比率。该指标反映了居民的资源利用情况。

资料来源：2022 年中国统计年鉴。

（11）人均城市公共交通运营线路网长度

该指标反映了城市的公共交通情况，具体指标计算：

$$人均城市公共交通运营线路网长度=\frac{城市公共交通运营线路网总长度}{城市总人口}$$

（式 9-8）

人均城市公共交通运营线路网长度 = 城市公共交通运营线路网总长度 / 城市总人口

资料来源：2022 年中国统计年鉴。

（12）R&D 全时人员当量

指全时人员数加非全时人员数按工作量折算为全时人员数的总和。

资料来源：2022 年中国统计年鉴。

（13）单位 GDP 能耗

单位 GDP 能耗是指一个国家或者地区在一定时期内，生产单位的国内生产总值所需要的能源消耗总量，该指标反映了能源利用效率，是一个国家或者地区的能源消耗和节能状况的重要指标，也代表着经济和能源利用结构。具体计算公式为：

① 概念定义来源于《中国统计年鉴》中的主要统计指标解释。

$$\text{单位GDP能耗}=\frac{\text{能源消耗总量}}{\text{国内生产总值}} \qquad (\text{式 9–9})$$

资料来源：2022 年中国统计年鉴、中国能源统计年鉴。

（14）单位 GDP 水耗

单位 GDP 水耗是指一个国家或者地区在一定时期内，生产单位的国内生产总值所需消耗的用水总量，该指标反映了国家或者地区的水资源利用率。具体计算公式为：

$$\text{单位GDP水耗}=\frac{\text{水资源利用总量}}{\text{国内生产总值}} \qquad (\text{式 9–10})$$

资料来源：2022 年中国统计年鉴。

（15）生活垃圾无害化处理率

生活垃圾无害化处理率是指报告期生活垃圾无害化处理量与生活垃圾产生量的比率。在统计上，由于生活垃圾产生量不易取得，可用清运量代替。计算公式为①：

$$\text{生活垃圾无害化处理率}=\frac{\text{生活垃圾无害化处理量}}{\text{生活垃圾产生量}}\times 100\% \qquad (\text{式 9–11})$$

资料来源：2022 年中国统计年鉴。

（16）工业二氧化硫去除率

指报告期内燃料燃烧废气和生产工艺废气经过各种废气治理设施处理后去除的二氧化硫总量的占比。

资料来源：2022 年中国环境统计年鉴。

（17）工业废水化学需氧量去除率

指报告期内企业生产过程中排出的废水，经过各种水治理设施处理后，除去废水中所含的化学需氧量本身的纯重量的占比。

资料来源：2022 年中国环境统计年鉴。

---

① 概念定义来源于《中国统计年鉴》中的主要统计指标解释。

（18）工业氮氧化物去除率

指报告期内企业生产过程中排出的废气，经过各种水治理设施处理后，除去废气中所含的氮氧化物本身的纯重量的占比。

资料来源：2022 年中国环境统计年鉴。

（19）工业废水氨氮去除率

指报告期内企业生产过程中排出的废水，经过各种水治理设施处理后，除去废水中所含的氨氮本身的纯重量的占比。

资料来源：2022 年中国环境统计年鉴。

（20）人均公园绿地面积

公园绿地是指城市中向公众开放的、以游憩为主要功能，有一定的游憩设施和服务设施，同时兼有健全生态、美化景观、防灾减灾等综合作用的绿化用地。包括综合公园、社区公园、专类公园、带状公园和街旁绿地。其中综合公园、专类公园和带状公园面积之和为公园面积[①]。人均公园绿地面积是城市公园绿地面积与总人口的比，具体计算公式如下：

$$人均公园绿地面积=\frac{城市公园绿地面积}{城市总人口} \qquad （式 9-12）$$

资料来源：2022 年中国统计年鉴。

（21）建成区绿化覆盖率

该指标指的是在城市建成区的绿化覆盖面积占建成区的百分比。绿化覆盖面积是指城市中乔木、灌木、草坪等所有植被的垂直投影面积。

资料来源：2022 中国统计年鉴。

（22）工业固体废物综合利用率

工业固体废物综合利用率指城市市域范围内各工业企业当年处置及综合利用的工业固体废物量（包括对往年工业固体废物进行处置利用的

① 概念定义来源于《中国统计年鉴》中的主要统计指标解释。

量）之和占当年工业固体废物量之和的百分比①。

$$工业固体废物综合利用率=\frac{工业企业当年处置量+综合利用量}{当年工业企业产生量总和}\times 100\%$$

（式 9–13）

资料来源：2022 中国环境统计年鉴。

在选择指标体系的权重时，我们采用均权的方法。指标体系权重的选择也是测算发展水平的至关重要的方面，目前，指标权重的确立方法有很多种，包括层次分析法、专家咨询法、相关系数法、均权法、主成分分析法等多种，概括起来就是有两大类，即主观分析法和客观分析法，两类方法都各有利弊。本研究选择均权法来进行分析，主要是避免主观赋权带来的主观性问题。

二、中国城镇化质量评价

运用以上指标体系，本研究测算了 2011 年到 2021 年城镇化质量发展水平，下面从整体和区域多个角度进行具体分析。

（一）整体结果分析

从城镇化质量与人口、公共服务、基础设施、资源环境等角度进行分析。具体结果见表 9–2。

表 9–2　2011—2021 年我国城镇化发展质量评价整体结果

	城镇化质量	人口	公共服务	基础设施	资源环境
2011	34.798	6.521	0.947	12.577	14.752

① 关于印发《国家环境保护模范城市考核指标及其实施细则（第六阶段）》的通知，环境保护部办公厅文件，2011.1.18.http：//www.zhb.gov.cn/gkml/hbb/bgt/201101/t20110125_200178.htm.

续表

	城镇化质量	人口	公共服务	基础设施	资源环境
2012	35.837	6.679	0.932	12.539	15.688
2013	36.393	6.806	0.957	12.758	15.871
2014	37.135	6.944	1.198	12.864	16.129
2015	37.562	7.081	1.012	13.000	16.469
2016	38.164	7.231	1.059	12.978	16.896
2017	39.771	7.388	1.210	13.246	17.928
2018	40.756	7.535	1.377	13.451	18.393
2019	41.631	7.683	1.435	13.656	18.858
2020	42.500	7.831	1.486	13.861	19.322
2021	43.364	7.978	1.533	14.066	19.787

从表 9-2 可以看出，我国城镇化水平整体上处于快速上升的阶段。除公共服务有小幅波动外，人口水平、基础设施、资源环境状况以及环境影响指标的变化趋势与城镇化质量水平的变化趋势很相似。经过 20 世纪的社会主义市场经济制度的基本建立以及改革开放后经济发展水平的快速提升，我国的城镇化发展已逐渐驶入快车道，21 世纪初我国城镇化水平逐渐攀升。

从我国城镇化进程中的公共服务和资源环境状况来看，2011 年以来两者处于快速上升的阶段。资源和环境指标是衡量城镇化质量提升的重要基础性指标。城镇化进程中对自然资源的需求是非常大的，各国在城镇化进程中都会遇到资源的紧缺或者约束，资源成为城镇化发展过程中的重要瓶颈问题，而城镇化发展需要提高资源的集约利用率，尤其是要提高城镇化过程中的各种自然资源和能源的利用，这是城镇化的基本要求。而城镇化和环境之间的相互作用最为显著。我国在城镇化过程中尤其注重环境保护，加强了对各种污染排放物的管理，并且通过了一系列规范污染物排放和治理的法律法规，这些都在一定程度上缓解了我国城镇化过程中的污染问题，提高了城镇化的质量水平。党中央在十六大提出转变经济发展方式，在十六届三中全会上，党中央正式提出了科学发展观的新理念，并对科学发展观的内涵、意义进行了系统的阐述，要求彻底改变以牺牲环境、破坏资源为代价的粗放型增长方式。在科学发展观理念的引导下，我国绿色城镇建设迈上了新的台阶。

（二）各省份城镇化质量评价分析

在研究期内评分结果均值最高的省份为江苏省（52.46），评价分值最低的为西藏（24.3）。这个结果与各省份发展的现状也相吻合。以江苏省为例，从20世纪80年代初期就走出了一条“苏南模式”的城镇化道路，其本质是通过大力发展乡镇企业实现“自下而上”的城镇化。在经历了苏南乡镇工业驱动的小城镇快速发展阶段之后，江苏省大中城市开发区建设和外向型经济驱动也进入了快速发展阶段。截至2021年底，江苏省城镇化比率达到74.4%，远高于全国平均水平。而西藏作为一个多民族的欠发达地区，其落后的经济发展水平使得西藏不仅在以人口衡量的城镇化率偏低，在公共服务、基础设施建设等方面都落后于全国平均水平，城镇化水平较低、质量整体较差导致西藏的综合评价分数最低。

表9–3　2011—2021年各省份的城镇化质量评价水平

	2021年	2020年	2019年	2018年	2017年	2016年	2015年	2014年	2013年	2012年	2011年	均值
北京	40.85	40.72	40.59	40.46	40.33	40.09	39.06	39.23	39.02	38.45	38.18	39.88
天津	40.61	40.12	39.63	39.14	38.65	37.95	37.65	37.47	36.65	36.35	35.56	38.42
河北	39.40	38.85	38.32	37.85	37.45	37.78	37.22	35.82	35.44	35.05	34.09	37.32
山西	39.31	38.29	37.28	36.26	35.24	34.93	34.54	34.30	33.59	33.22	31.15	35.70
内蒙古	42.92	42.02	41.12	40.21	39.31	38.62	37.57	36.97	36.01	35.01	34.09	38.98
辽宁	39.43	38.66	37.90	37.13	36.37	37.55	36.88	43.15	36.22	35.90	35.09	37.92
吉林	36.99	36.42	35.85	35.29	34.72	34.46	33.64	32.71	33.10	32.14	30.98	34.53

续表

	2021 年	2020 年	2019 年	2018 年	2017 年	2016 年	2015 年	2014 年	2013 年	2012 年	2011 年	均值
黑龙江	42.72	42.33	41.94	41.05	40.95	40.59	40.26	39.23	38.89	38.58	37.20	40.65
上海	43.18	42.74	42.29	41.85	41.41	40.97	40.60	40.97	41.22	40.40	39.86	41.56
江苏	54.46	53.78	53.13	52.52	52.00	52.50	52.57	52.46	51.43	49.80	49.14	52.46
浙江	46.32	45.50	44.67	43.85	43.02	42.12	42.02	41.83	41.43	40.73	39.96	43.15
安徽	45.43	44.57	43.71	42.86	42.03	42.15	41.16	40.01	39.48	39.42	38.10	42.08
福建	40.49	40.44	40.40	40.36	40.32	39.95	39.95	40.02	39.23	38.66	37.70	39.98
江西	39.97	39.69	39.41	38.73	38.25	37.34	37.90	37.55	37.35	36.37	35.59	38.30
山东	45.41	44.77	44.14	43.50	42.86	42.21	41.68	40.97	40.36	40.18	39.51	42.61
河南	42.31	41.25	40.18	39.11	38.05	38.25	36.91	35.59	35.58	35.05	33.04	38.23
湖北	44.54	43.58	42.63	41.68	40.73	40.97	40.05	39.41	38.59	38.90	37.07	41.11
湖南	43.86	43.17	42.47	41.78	41.08	40.37	39.75	38.97	38.62	37.66	36.52	40.77
广东	51.46	50.96	50.47	49.97	49.47	48.97	48.55	47.95	47.68	47.41	46.53	49.29
广西	44.74	43.79	42.85	41.90	40.96	39.39	38.87	38.24	38.08	37.62	34.66	40.64
海南	39.37	38.50	37.64	36.77	35.91	34.35	34.01	32.65	32.58	32.73	31.80	35.50
重庆	40.03	39.33	38.63	37.93	37.22	36.24	35.91	35.56	35.06	34.50	32.67	37.04
四川	42.06	41.65	41.20	39.73	38.31	38.63	37.41	35.85	35.26	35.09	31.89	38.52
贵州	36.15	35.40	34.66	33.91	33.16	32.34	31.92	30.55	29.83	29.47	28.21	32.79
云南	37.33	36.75	36.17	35.58	35.00	34.67	33.23	31.94	31.80	31.10	30.93	34.36
西藏	28.48	26.50	29.60	26.99	25.57	23.59	23.75	21.68	19.68	17.19	21.16	24.30
陕西	39.18	38.29	37.40	36.51	35.63	35.19	34.69	34.26	33.36	32.70	31.06	35.72
甘肃	33.66	33.04	32.41	31.79	31.16	30.39	30.32	29.92	28.21	28.17	27.60	30.96
青海	31.35	31.06	30.77	30.48	30.18	29.24	27.76	27.28	27.39	28.56	26.92	29.41
宁夏	33.27	33.43	33.59	33.75	33.91	33.37	33.74	34.50	33.60	31.68	31.73	33.54
新疆	48.55	48.05	47.64	47.34	46.13	45.42	44.86	44.14	43.45	42.83	40.74	45.84

以北京（40.85）、上海（43.18）、浙江（46.32）、山东（45.41）、广东（51.46）为代表的城镇化水平较高地区，主要集中在沿海地区。其中，北京、上海为特大型城市，分别是中国的政治中心与金融中心，其人口城镇化率均已超过 89%，上海的常住人口城镇化率更是达到 87%，

城镇化进程已经步入成熟期，已经从追求提升城镇化率进入到追求质量提升的阶段。浙江省城镇化模式为典型的内生型，以浙江省的经济总量与产业集群为依托，其城镇化具有鲜明的自发性特征。山东省近20年来不仅城镇数量迅速增加，城镇规模也在大幅膨胀，城镇人口加速聚集，尤其是山东半岛城市群逐渐崛起对山东省的城镇化进程影响较大，同时，由于山东省的城乡差距逐渐缩小、交通便利、公共服务保障水平相对较高等因素，使得山东省在新型城镇化的综合评价结果分值处于全国上游水平。广东省依托地理位置优势，在改革开放后城镇化实现了跨越式发展，广东省的珠江三角城市群也是中国的三大城市群之一。

评价结果在均值以下的大部分处于西部欠发达地区，主要包括：西藏（28.48）、甘肃（33.66）、宁夏（33.27），贵州（36.15）、云南（37.33）等等，这些地区因其地理、历史条件和落后的经济发展水平使得不仅在以人口衡量的城镇化率偏低，在公共服务、基础设施、资源环境建设等方面也均落后于全国平均水平，城镇化水平较低、质量整体较差是导致地区综合评价分数最低的直接因素。

（三）各区域城镇化质量评价分析

本研究将中国版图分为东部、中部、西部和东北四个区域。其中，东部地区包括北京、天津、河北、上海、江苏、浙江、福建、山东、广东、海南等10个省份；东北地区包括辽宁、吉林、黑龙江等3个省份；中部地区包括山西、安徽、江西、河南、湖北、湖南等6个省份；西部地区包括重庆、四川、内蒙古、广西、贵州、云南、陕西、甘肃、青海、宁夏、新疆等11个省份。

具体各区域的城镇化质量水平如表9-4所示。

表 9-4　2011—2021 年全国各区域的城镇化质量评价

	全国	东部地区	东北地区	中部地区	西部地区
2011	34.80	39.23	34.42	35.25	30.97
2012	35.84	39.98	35.54	36.77	32.00
2013	36.39	40.50	36.07	37.20	32.64
2014	37.13	40.94	38.36	37.64	33.41
2015	37.56	41.33	36.93	38.38	34.17
2016	38.16	41.74	37.53	39.08	34.88
2017	38.56	42.14	37.35	39.23	36.45
2018	39.23	42.63	37.82	40.07	37.19
2019	39.96	43.13	38.56	40.95	37.86
2020	40.44	43.64	39.14	41.76	38.44
2021	41.09	44.15	39.71	42.57	39.02

从区域角度来看，各地区的城镇化质量评价指数呈现明显的差异性：东部地区城镇化质量评价指数最高，其次为中部地区。东北和西部地区在本研究研究时间范围内均低于全国平均水平，其中西部水平最低，但发展最为稳定，且评价指数逐年上升，与其他地区差距正在逐年缩小。

东部地区的城镇化质量评价指数自 2011 年来持续上升，东部地区人口城镇化水平普遍超过 60%，东部珠三角、长三角等各大城市群发展压力持续增大，而依据国际经验，已进入到城镇化的减速推进时期，并可以预计这种趋势会继续持续。

东北地区的城镇化质量评价指数呈现出波动发展趋势。自 2003 年国家发布振兴东北老工业基地战略后，重点扶持了东北地区的社会经济发展，并且加强了产业结构的调整，也是在这一阶段，东北地区的城镇化进程有了快速的提高，2011 年以来城镇化质量指数快速上升。然而东北地区由于生态、历史政策等原因，导致其城镇化与工业化存在很强的关联性，导致城镇化建设缺乏综合性，并且在振兴东北老工业基地的背景下以高投资驱动的城镇化也不具有持续性。

中部地区的发展趋势与全国整体指数变动趋势相同，2006 年“中部地区崛起”规划纲要提出要加快产业结构调整，提升产业层次，推进工业化和城镇化，在 2007 年经历了一年调整期后，中部地区的新型城镇化质量评价指数开始逐年稳定上升。

西部地区在本研究研究时间范围内呈现出了低水平但稳定上升的趋势。西部地区整体城镇化质量评价指数尚未超越 40%。中西部城镇化质量评价指数不断推进的原因还在于东部地区的城市群面临人口、产业高度集中的压力，其发展空间和潜力已经逐步受到限制，同时，中西部地区形成的各大城市群已经初步显现出形态，如武汉城市群、中原城市群、关中城市群等，对于各种要素在中西部地区的集聚有着重要的推动作用。可见，中西部地区已经成为中国未来城镇化推进和吸纳新增城镇人口的主要空间载体，这也是中央提出“解决一亿人口在中西部地区就近城镇化”的现实基础。

三、城镇化质量的空间差异及影响因素分析

针对上一部分的测算结果，我们运用空间统计方法来分析我国城镇化质量的空间差异性，并从多个方面来分析城镇化差异的影响因素。

（一）城镇化质量的空间差异分析

运用探索性空间数据分析（Exploratory Spatial Data Analysis，ESDA）对中国城镇化质量的空间异质性进行分析，探讨其空间分布格局、空间关联性、空间集聚状态及演化格局，全面揭示了城镇化演化发展历程和演变规律，为实现中国新型城镇化建设提供参考和借鉴。采用空间统计分析 Moran 指数法检验研究各地区城镇化质量在空间上是否存在相关性，

利用LISA聚集方法来描述各地区城镇化质量在Moran散点图中相应的位置。

1. 空间自相关模型构建

根据空间计量经济学方法原理，采用空间统计分析Moran指数法检验因变量是否存在空间自相关性，通过利用GeoDate软件，检验城镇化发展集聚现象的空间相关性存在与否，实际应用研究中常常使用空间自相关指数Moran'SI，其计算公式如下所示：

$$\text{Moran'I}=\frac{\sum_{i=1}^{n}\sum_{j=1}^{n}W_{ij}(Y_i-\bar{Y})(Y_j-\bar{Y})}{S^2\sum_{i=1}^{n}\sum_{j=1}^{n}W_{ij}} \qquad（式9–14）$$

其中，$S^2=\frac{1}{n}\sum_{i=1}^{n}(Y_i-\bar{Y})$；$\bar{Y}=\frac{1}{n}\sum_{i=1}^{n}Y_i$，$Y_i$表示第$i$地区的观测值（在本研究为城镇化质量评价指数ZS）；n为地区总数（本研究为31）；W_{ij}为二进制的邻接空间权值矩阵，表示其中的任一元素，采用邻接标准或距离标准，其目的是定义空间对象的相互邻接关系，便于把地理信息系统（GIS）数据库中的有关属性放到所研究的地理空间上来对比。一般邻接标准的W_{ij} W_{ij}为：

$$W_{ij}=\begin{cases}1 & \text{当区域}i\text{和区域}j\text{相邻；}\\0 & \text{当区域}i\text{和区域}j\text{不相邻；}\end{cases} \qquad（式9–15）$$

式中$i=1,2,\cdots,n$；$j=1,2,\cdots,m$；$m=n$或$n\neq m$。

$$W_{ij}=\begin{cases}1 & \text{当区域}i\text{和区域}j\text{相邻；}\\0 & \text{当区域}i\text{和区域}j\text{不相邻；}\end{cases} \qquad（式9–16）$$

式中$i=1,2,\cdots,n$；$j=1,2,\cdots,m$；$m=n$或$n\neq m$。

习惯上，令W的所有对角线元素$W_{ii}=0$。

Moran’s I指数可看作各地区观测值的乘积和，其取值范围在–1到1之间，若各地区间经济行为为空间正相关，其数值应当较大；负相关则较小。具体到城镇化质量指数的空间依赖性问题上，当目标区域数据在空间区位上相似的同时也有相似的属性值时，空间模式整体上就显示出正的空间自相关性；而当在空间上邻接的目标区域数据不同寻常地具有不相似的属性值时，就呈现为负的空间自相关性；零空间自相关性出现在当属性值的分布与区位数据的分布相互独立时。

2. 空间相关性结果分析

根据以上理论方法，测算中国 2006—2016 年城镇化质量评价指数的全局 Moran's I 值。

下面利用 2006—2016 年中国 31 个省域的城镇化质量评价指数计算 Moran's I 指数，相关结果见表 9-5，这表明我国 31 个省域的城镇化质量评价指数在空间上具有明显的正自相关关系（即空间依赖性），说明省域城镇化质量指数在空间分布并非表现出完全随机的状态，这表明我国省级地区的城镇化发展水平在空间上的确存在着明显的正自相关关系，即存在空间集聚现象。

表 9-5　中国 31 个省区城镇化质量评价指数的 Moran's I 值

年份	Morans'I	P 值
2006	0.0387	0.076
2007	0.081	0.06
2008	0.1176	0.062
2009	0.1289	0.01
2010	0.1312	0.015
2011	0.1029	0.02
2012	0.0272	0.02
2013	0.0628	0.01
2014	0.0874	0.06
2015	0.0593	0.043
2016	0.0333	0.041

根据测算可知，2006—2016 年城镇化质量指数都明显大于 0，且通过了 5% 的显著性检验，表明我国的城镇化发展质量在空间分布上具有较明显的正相关关系。

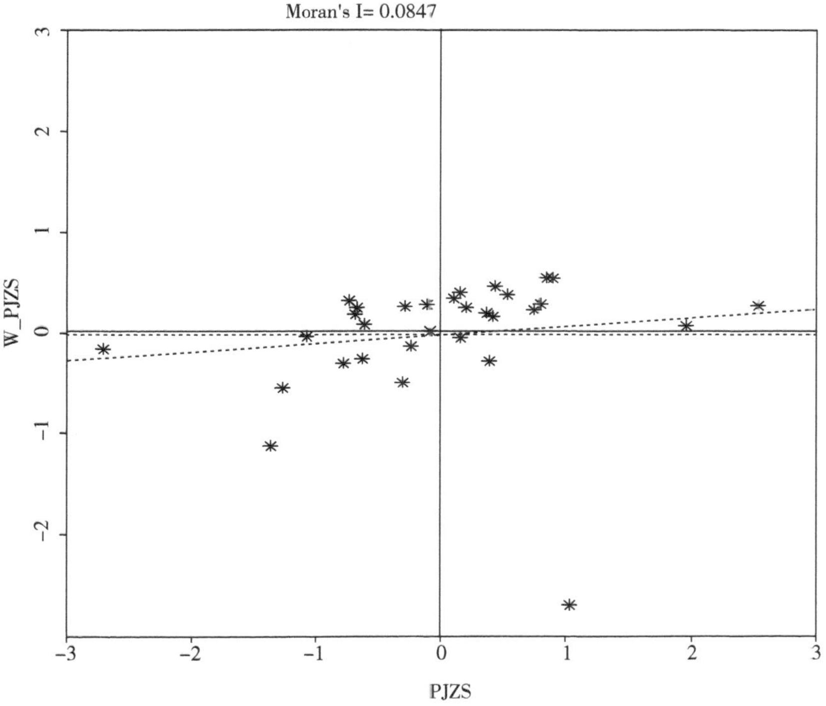

图 9-1　2006—2016 年城镇化质量局部 Moran's I

通过 GeoDate 软件实现对中国城镇化质量评价指数的局部检验，本研究用 2006 年到 2016 年作为代表来分析中国城镇化质量指数的空间聚集特征。通过图 9-1 可以看出，城镇化质量评价指数主要分布在一、三象限，第二、第四象限的较少。中国省域间的城镇化质量存在明显的局域空间集聚现象，即高质量城镇化的地区被较高水平的省域包围，与之邻近地区之间的城镇化水平差异较小，并对邻近的地区有明显的扩散效应。

为了更深入分析各区域城镇化质量评价指数的空间差异，本研究采用 LISA 聚集方法来描述 31 个省区在 Moran 散点图中相应的位置。LISA 聚集方法得到四个象限区，31 个省区处于不同的象限内。

第一象限：此区域是“高—高”区域，即处于此区域的省份，自身的城镇化质量较高，其相邻地区的城镇化质量指数也高，此象限的地区城镇化质量指数存在明显的正相关。

第二象限：此区域是“低—高”区域，即处于此区域的省份，自身的城镇化质量较低，其相邻地区的城镇化质量值却普遍较高。此象限的地区城镇化质量指数存在明显的负相关。

第三象限：此区域是“低—低”区域，即处于此区域的省份，自身的城镇化质量水平很低，其相邻地区的城镇化质量也低。此象限的地区城镇化质量指数存在明显的正相关。

第四象限：此区域是“高—低”区域，即处于此区域的省份，自身的城镇化质量较高，其相邻地区的城镇化质量水平却相对较低。此象限的地区城镇化质量指数存在明显的负相关。

具体结果如表 9–6 所示。

表 9–6　31 个地区在 Moran 散点图中的位置

象限	涵盖的省份
第一象限（高—高）	北京、天津、江苏、上海、浙江、福建、广东、海南、湖南、山东、安徽、河南
第二象限（低—高）	河北、广西、云南、江西、山西、重庆、吉林
第三象限（低—低）	新疆、内蒙古、宁夏、黑龙江、辽宁、湖北、陕西、贵州
第四象限（高—低）	四川、青海、甘肃

从表 9–6 可以看出，处于第一和第三象限的地区相对较多。处于第一象限的地区主要位于东部地区。第一象限属于城镇化质量指数呈现高—高集聚的区域，这些地区的城市发展基础好，具有良好的公共服务和基础设施来做支撑，城镇化质量普遍较高。处于第三象限的地区主要

位于西部地区，这一象限属于低—低集聚的区域，这些地区的城市发展相对落后，而且周边地区也多属于创新效率低下的区域，缺乏溢出效应，这就形成了区域城镇化水平连片低下的状况，且属于这种状况的区域相对较多，未来应加以重点关注。处于第二和第四象限的区域相对较少，且大多分布在中部和西部地区，这些地区的城镇化质量指数差异较大，中西部地区城镇化水平相对较高的地区尚未对周边城镇化水平较低的地区提升产生明显的拉动作用，未来应该引导高城镇化水平地区充分发挥辐射效应，从而拉动周边地区的城市协调发展。

（二）城镇化质量的影响因素分析

城镇化发展不同阶段具有不同的特征，而影响其发展的因素也是多方面的，同时，各个地区或者国家由于社会经济制度的不同，城镇化的主要影响因素也会存在一定的差异。因此，本节结合国内外学者对此的多角度研究，将对城镇化质量的影响因素进行深入分析。

具体而言，我们采用误差修正模型和夏普里值分解相结合的方法来分析城镇化质量提升的影响因素。本节采用误差修正模型（Error Correction Model，ECM）来对绿色工业化的影响因素进行实证分析。误差修正模型是运用数据的非均衡动态模型来对经济模型进行计量分析的，和传统经济模型所描述的变量之间存在一种长期均衡关系，该模型明确经济数据的非均衡动态性，因此运用数据的动态非均衡来分析经济的长期均衡过程。夏普里值回归分解方法（Shapley Decomposition）有别于传统不平等分解方法，它是将回归方程和夏普里值分解原理有机集合的新方法。联合国世界发展经济学研究院提出的夏普里值分解法是一种基于回归方程的对不平等指标进行分解的新方法，其分解框架的理论基础是联盟（合作）博弈理论。夏普里值分解法能够量化各回归变量对被解释变量不平等程度的贡献，这种分解方法可以被用于分解任何形式的不平等指标，而且可以考虑任意函数形式的回归模型，并且不限制回归模型中变量的数目和类型，甚至可以是代理变量，包括经济、社会、环境、人口以及政策等各种因素。

1. 影响因素的选择

影响城镇化质量的外部影响因素是多方面的，从宏观角度看，影响因素主要包括资源禀赋、对外开放环境和政治法律因素等。国家或者地区的资源禀赋包括该地区的自然资源优势、地理交通优势等多方面的因素，地区的资源禀赋对提升城镇化起到了决定性的作用。对外开放对城镇化发展的影响是多方面的，既有促进其快速发展的一面，同时也可能由于大量污染而降低绿色城镇化水平的提升。政治法律环境对城镇化的影响是最为直接和显著的。从宏观角度看，影响因素主要包括产业结构、公众参与等。城市经济的产业结构对城镇化质量的提升具有直接的联系，一般而言，产业结构越优化，城镇化质量水平相对越高。公众的环境意识也是提升城镇化质量的重要推动力，随着民众环保意识的逐渐增强，工业企业的行为受到的约束就越强。从微观角度来看，影响因素主要包括技术创新。

本研究将从技术创新、政府政策、对外开放、资源禀赋以及产业结构等方面来对城镇化发展质量的影响因素进行具体分析。

技术进步为城镇化发展提供了物质基础，技术进步是推动城镇化的主要动力之一，它对城镇化质量的提升具有直接的影响。技术创新对城镇化的影响是多方面的，技术水平的提升能够提高城镇化的质量，为城镇化的建设提供更好的动力和技术支持。从世界各国尤其是城镇化程度相对高的国家或地区来看，城镇化的快速发展往往伴随着技术创新水平的不断攀升，而要求走资源集约、减少污染的城镇化道路更需要技术创新的支持。

城镇化成为世界发展的大趋势，作为经济发展和社会结构变迁的产物，城镇化进程中融进了一定的制度因素，因此，城镇化质量的提升发展离不开政府的大力支持，政府的重视度对提升城镇化的质量至关重要，政府对城镇化发展战略、规划的制定和实施，以及对城镇化进程中资源合理配置的监督作用，这些都体现了政府的支持和引导对城镇化发展的重要作用。在城镇化过程中，政府通过制定环境治理和保护的相应法律法规，既是对城镇化提出了明确的要求，同时也是在促进城镇化走绿色发展的道路。

开放水平衡量一个国家或地区的对外开放程度，经济全球化的潮流对城镇化产生了强烈的冲击力，对外开放水平的变化对城镇化质量提升的影响也是多重的。对外开放后，国际贸易的迅猛增加，国际资本流动的加快以及跨国公司生产和经营活动的开展，使包括发展中国家在内的世界各国都受益匪浅。例如国际资金的流动，促进了发达国家的资金、技术、管理经验与发展中国家的资源、廉价劳动力和市场的有效结合，从而使二者都实现了收益。“第二次世界大战”以后发展中国家的实践已经充分证明，参与国际经济的程度愈深，经济实绩就愈好；反之，与国际经济的隔离程度愈深，经济绩效就愈差。一方面，提高国际经济参与度可以使外资对国内工业的投资显著增加，同时随着外资的引入，国外的技术尤其是先进技术也会被引入到中国的城镇化建设过程中，先进的技术能够极大提升中国城镇化的建设效率；而另一方面，随着对外开放程度的不断提升，发达国家的高消耗、高污染的资源密集型、劳动密集型产业也持续向发展中国家转移，由此可能对发展中国家带来一系列的资源环境问题。因此，在开放条件下，对外开放水平的提高与中国城镇化质量提升之间的关系存在争议，但不可否认开放水平对城镇化影响深远，因此，本研究将对开放水平对中国城镇化质量提升的影响状况进行具体分析。一般使用进出口、FDI等指标占GDP的综合比重来刻画。本研究采用FDI占国内生产总值的比重来表示。

城镇化发展具有一定的阶段性，在城镇化发展的不同时期，产业结构对城镇化的影响也不相似，产业结构变动对城市的形态和规模的变化具有重要意义，并且以此影响城镇化的进程。在城镇化发展初级阶段，农业的快速发展为城镇化的初步发展提供了原始动力。随着农业的快速发展，更多的劳动力从土地中解放出来，出现了大量闲置的劳动力，这从客观上为城镇化提供了大量的劳动力要素，而此时城镇化的建设中，其主导的产业往往是劳动密集型产业，这些产业对劳动力的需求旺盛，因此，伴随着农业的快速发展，城镇化建设的速度也得到了提升。而随着城镇化快速发展，工业化进入到了发展中期，工业大繁荣带来了城市建设的极大飞跃，而此时占主导的产业由劳动密集型变为资本密集型，产业吸纳就业的能力下降，因此城镇化建设中对劳动力的需求也有所下降。这个阶段的产业结构亟须调整，并且此时人们对城市生活有了全新的要求，对各种城市公共设施的需求也相对较高，需要第三产业的快速发展。第三产业的快速发展能够使城镇化向更高层次迈进。产业结构决定了城市经济增长方式与城市之间的分工模式，产业结构的合理与否直接影响经济增长和城市效率。产业结构的代理变量在已有的研究中往往使用第三产业产值占总产出的比例表示。

地区的资源禀赋包括该地区的自然资源优势、地理交通优势等多方面的因素，在城镇化的建设中，地区的资源禀赋起到了决定性的作用。纵观城镇化起步较早的地区，往往都分布在具有资源禀赋的地区。因此，资源禀赋是城镇化快速推进的重要因素之一。自然禀赋优势带来的超额利润必然会吸引各种生产要素汇集，包括资本和人口。因此，拥有自然禀赋优势的城市更易发展就成为必然。即使是在知识经济逐渐成为新趋势，信息逐渐成为与资本、人力同等重要的生产要素时，自然禀赋优势仍然是城市发展的重要动力。区位条件对城镇化质量提升的影响不容忽视，改革开放以来东部沿海地区凭借其区位优势，城镇化进程快速推进，而中西部地区则发展缓慢。基础设施是经济增长的基础条件，其发达程度是城市这个巨大而复杂的系统高效运转的重要保障，而配置水平直接影响城市运转效率，对城市吸引外部资本和人口向城镇集中也产生重要作用。

从以上分析中我们可以看出，资源禀赋对城镇化质量的提升具有重要影响，资源禀赋作为涵盖自然资源优势、区位条件等诸多内容的因素，很难用一个指标来近似表示，而且作为一个综合性强的因素，资源禀赋往往和前面分析的各种影响因素相互作用和融合。因此，我们将不对资源禀赋进行具体分析。

我们将从技术创新、政府政策、对外开放、资源禀赋以及产业结构等方面来对城镇化质量评价的影响因素进行具体分析。

对于技术水平指标，本研究采用 R&D 经费支出占 GDP 比来近似表示，本节中用 x_1 表示；运用地级及以上城市的财政支出来表示政府对城镇化建设的支持度，本节中用 x_2 表示；用 FDI 占国内生产总值的比重来近似表示对外开放水平，本节中用 x_3 表示；用第三产业增长值占 GDP 的比重来分析产业结构对城镇化质量的影响，本节中用 x_4 表示；而对于城镇化质量水平用 y 表示。接下来运用误差修正模型进行具体分析。

2. 误差修正模型回归分析

本节采用误差修正模型来对城镇化质量的影响因素进行实证分析。运用误差修正模型来进行回归分析时主要采用以下三个步骤，首先是单位根检验，其次是协整分析，最后是运用 ECM 模型进行回归分析。

（1）单位根检验

根据协整理论，只有同阶单整的数列才能进行协整关系的分析，本节将首先对各数列进行单位根检验，确定这些数列是否单整。在此之前，将本研究选择的影响因素变量进行对数处理，数据对数化可以很好地消除异方差，而且不影响原有数据之间的协整关系。运用 Eviews 软件对城镇化质量的影响因素进行单位根检验，单位根检验运用 ADF（Augmented Dickey-Fuller test statistic）检验方法，具体检验结果如下：

表 9-7 序列数据的 ADF 单位根检验结果

数据序列	Test critical values:	t-Statistic	ADF 检验值	Prob.
y	1% level	-5.83519	-10.5016	0.0003
	5% level	-4.2465		
	10% level	-3.5905		
x_1	1% level	-4.4206	-2.7786	0.0989
	5% level	-3.25981		
	10% level	-2.77113		
x_2	1% level	-2.8861	-1.87799	0.0615
	5% level	-1.99587		
	10% level	-1.59909		
x_3	1% level	-4.4206	-3.71827	0.0262
	5% level	-3.25981		
	10% level	-2.77113		
x_4	1% level	-5.52186	-3.53574	0.0981
	5% level	-4.10783		
	10% level	-3.51505		

Eviews 对以上变量的单位根检验结果表明，因变量 Y 的一阶也不存在单位根，属于一阶单整；四个影响因素变量的单位根检验结果显示这四个影响因素变量的一阶都不存在单位根，是一个一阶平稳的时间序列，故这五个序列数据都是一阶单整的，符合协整的条件。

（2）协整分析

协整检验方法主要是分析自变量和因变量之间是否存在协整关系，协整检验是为了分析两组及以上数列之间的一种稳定关系，根据 Engle 和 Granger 的理论，协整定位为：两组及以上数列组合的平稳性是存在的。因此，存在 k 维向量：

$$y_t = (y_{1t}, y_{2t}, ..., y_{kt})' \quad （式 9–17）$$

此 k 维向量 d 阶单整，即 I（d），且存在一个向量 $\partial = (\partial_1, \partial_2, ..., \partial_n)$，使得 $\partial y_t' \sim I(d,b)$，并且存在非零列向量 β 满足 $\beta' y_t \sim I(d-b)$，则 k 维向量 yt 是协整的。对于非平稳变量而言，其协整向量并不是唯一的。

协整检验的步骤为：

第一，假设 k 维序列 yt 是 1 阶单整序列，则建立一下方程来进行回归分析：

$$y_{1t} = \beta_1 + \beta_2 y_{3t} + ...\beta_k y_{kt} + \mu_t \quad （式 9–18）$$

得到模型的残差序列为：

$$\hat{\mu}_t = y1t - \hat{\beta}_1 - \hat{\beta}_2 y_{2t} - ... \hat{\beta}_k \ y_{kt} \quad （式 9–19）$$

如果以上残差序列是平稳的，则可以确定存在协整关系。

下面将对城镇化质量水平和四个影响因素进行协整检验，具体结果见表 9–8 所示。

表 9–8　城镇化质量及影响因素的协整检验结果

Eigenvalue	Likelihood Ratio	5%Percent Critical Value	1%Percent Critical Value	Hypothesized No. of CE（s）
0.32601	14.8514	4.59	7.215	None*

注：** 表示在 99% 的置信水平下拒绝原假设；* 表示在 95% 的置信水平下拒绝原假设。

以上协整检验结果的第一列为特征值，第二列是似然比检验值，第三列和第四列分别是在5%和1%水平下的临界值，第五列是原假设检验结果。本协整检验的结果显示，以上变量存在一个协整关系。

（3）误差修正ECM模型

误差修正模型最初由Sargen提出，后来由Davidson、Hendry、Srba和Yeo对修正模型的具体形式进行了研究，修正后也叫DHSY模型。在误差修正模型中，要利用短期动态非均衡的数据来建立模型，并分析长期均衡过程，一般的基础模型就是自回归分布滞后模型（autoregressive distributed lag model，ADL模型）。

根据格兰杰（Granger）表述定理，若非平稳变量之间存在协整关系，则必然可以建立误差修正模型。因此，一般程序是先进行协整分析，以发现序列之间的协整关系，再以第一步求到的残差作为非均衡误差项加入误差修正模型中，并将误差修正项的滞后一期看作其中一个解释变量，连同其他反映短期波动的解释变量一起，建立短期模型，即误差修正模型，最后就可用OLS法估计出相应参数。误差修正模型的优点在于：差分项的使用消除了变量可能存在的趋势因素，从而避免了虚假回归问题；差分项的使用也消除了模型可能存在的多重共线性问题；误差修正项的引入保证了变量水平值的信息没有被忽视；由于误差修正项本身的平稳性，使得该模型可以用经典的回归方法进行估计，尤其是模型中差分项可以使用通常的t检验与F检验来进行选取。

表9-9 误差修正模型检验

Variable	Coefficient	Std. Error	t-Statistic	Prob.
INX1	0.793413	0.04709	-16.8487	0
INX2	0.265687	0.026538	10.01166	0
INX3	-34.3588	0.10407	-3.44772	0.0107
INX4	0.196992	0.075333	-2.61496	0.0347

续表

Variable	Coefficient	Std. Error	t-Statistic	Prob.
E（-1）	-0.53227	0.267632	-1.9888	0.1034

Adjusted R-squared	Durbin-Watson stat	R-squared
0.972363	2.098177	0.980654

从表 9-9 模型的检验中可以看出，该误差修正模型的各项检验值基本通过了检验，调整后的拟合度较高。

误差修正模型的系数反映了指标对偏离均衡的调整力度。首先看误差修正项 E（-1）的系数为 -0.53227，说明该模型是符合反向修正机制的，这就意味着城镇化质量的变化将受到影响因素对其的约束，该指标对长期均衡的偏离将在后一期得到修正，这就表明当上期的城镇化质量水平如果相对较低，则当期城镇化质量水平的各个影响因素的变化也就相应会增大一些，这就能保证城镇化质量在长期动态变化时，与其相关的四个影响因素的关系并不会由于长期波动而偏离均衡的状态。

3. 影响因素对城镇化质量差异的解释

与收入不平等分解类似，使用夏普里值分解法对城镇化质量区域不平等进行分解时，首先要确定用来分解的城镇化质量回归方程，也就是城镇化质量的影响方程，在上节的计量分析中，我们已经得到了中国城镇化质量影响因素的回归方程。由于夏普里值分解法只能按照年度进行分解，且时间虚拟变量不会影响城镇化质量不平等的分解结果，因此本研究用于夏普里值分解的回归方程中没有包含时间虚拟变量。

本研究用于城镇化质量的回归方程是：

$$INY=0.793413*INX1+0.265687*INX2-34.3588*INX3+0.196992*INX4 \quad （式 9-20）$$

在城镇化质量决定方程的基础上，本研究运用夏普里值分解法对我国区域间的城镇化质量指数进行不平等定量分解，不平等分解指标选用泰尔指标来反映，然后根据回归方程，分解出 2006 年、2010—2016 年各因素对各地区城镇化质量指数差异的贡献度。具体如表 9-10 所示。

表 9-10　四个影响因素对城镇化质量指数差异的贡献度

指标	技术创新（%）	政府政策（%）	对外开放（%）	产业结构（%）
2006	55.34	14.658	6.48	13.73
2010	66.54	14.129	5.17	16.54
2011	68.25	14.847	–1.602	16.02
2012	70.11	15.279	–1.662	13.32
2013	60.79	16.145	–1.029	19.56
2014	61.69	16.139	–1.736	11.43
2015	70.45	17.201	–3.78	13.71
2016	70.67	17.746	–2.07	11.97

从表 9-10 可以看出，技术创新对城镇化质量差距扩大的解释度最大，且从 2006 年至今，解释度呈上升的趋势。政府政策和产业结构对城镇化质量差距的扩大也具有一定的解释度，而对外开放对城镇化质量差距的贡献度有正有负，说明对外开放对我国区域间城镇化质量差距具有双面影响。

因此，从上面的分析中可以得出以下结论。

（1）技术水平对中国城镇化质量提升有显著作用

从上面误差修正模型 ECM 结果可知，技术水平对中国城镇化发展具有显著的正向影响，影响系数相对较大，说明技术创新是提升中国城镇化质量的至关重要的因素。在城镇化进程中，随着技术水平不断提升，各种新兴产品不断生产和涌现，极大满足人们的生活生产需求，对于单个企业来说，当技术进步后，企业的生产效率得到明显提升，单位时间内的产量也会不断增加，这样企业能够向社会提供更多的产品，并且能够满足人们多元化的产品需求；其次，技术进步在一定程度上能够缓解资源紧缺的现状，相对而言则社会资源供给也会有所增加，以城市的土地开发为例，当技术进步后，能够在一定程度上缓解用地紧缺的难题，这样企业开发土地的成本也相应会有所下降，也能够吸引更多的企业进入或者企业有可能扩大规模，进而也会带来大量的资金和劳动力，最终能够促进城市集聚规模的扩大，则城市的空间结构得到了扩展；再次，技术水平的提升，尤其对环境保护和污染治理能力的提高，能够有效地减少城镇化过程中对环境的污染，改善居民的生活环境，提高城市居民的环境满意度；最后，技术创新迫使企业淘汰落后产业，提高资源利用率，减少“三高”企业数量，技术创新能够使企业在激烈的竞争中获得环境优势，而原有的“三高”企业将在新一轮的竞争中被替代，因此，企业创新能够促进产业结构优化，使得城市的产业结构更加合理，促进城镇化朝着绿色发展。未来应该进一步加强对中国技术研发和试验的投入，不断提升中国的技术水平，促进城镇化质量的快速提升。

（2）政府政策对中国城镇化质量的影响也较大

根据上面误差修正模型 ECM 结果可知，政府政策对中国城镇化质量提升具有显著的正向影响，这和前面的定性分析一致。

城镇化质量提升强调城镇化建设中资源的集约利用和减少对环境的污染。在中国已经面临资源约束趋紧、环境污染严重、生态系统退化的严峻形势下，单靠市场的力量解决这些难题远远不够，此时政府的监督和引导作用就显得格外必要。近些年中国在城镇化建设中明确提出要提高土地集约利用效率、减少环境污染，并出台了一系列的法律法规。从城镇化进程中的资源配置效率来讲，根据经济学的经典理论，市场配置资源失灵时，需要政府的干预。城镇化是一个庞大的系统工程，需要在一个时空内对整个国家的自然资源、社会资源、人力资源等进行合理的配置，从某种意义上讲，资源配置的效率低下就会带来城镇化发展效率的低下，而在现实生活中，单靠市场机制不能完全解决资源配置的效率问题，此时，政府的各种制度和政策支持将会推动资源的合理配置。因此，政府政策对提升城镇化质量的影响是多方面的，已经成为城镇化质量水平提升的重要影响因素。

（3）对外开放度对中国城镇化质量的影响有正有负

误差修正模型的结果显示对外开放度与中国城镇化的影响系数为正数，说明对外开放对提升中国城镇化质量水平具有提升负作用，这意味着经济全球化对中国城镇化的促进作用没有发挥出来。

经济全球化作为一股不可逆转的历史潮流，强烈地冲击和影响着城市化。在经济全球化的大趋势中，城市化的发展呈现出许多新的特点。经济全球化也从多方面影响中国城镇化的进程。对外开放程度作为影响城镇化的因素之一，当对外开放程度提升时，生产要素在区际之间的流动将变得频繁而多量，城市的动力机制增强，从而能吸收较多的劳动力。因此，由经济全球化所推动的经济外向度的提高，也将推动城市化的进程，提高城市化水平。自 20 世纪 70 年代末以来，中国逐渐摒弃传统的内向型经济发展战略，实行开放型的经济发展战略。但中国正在承接国外一些高污染高排放的产业，这种粗放的发展方式给我们带来了严重的环境污染。

（4）产业结构对中国城镇化质量具有正向影响

从上面误差修正模型可以看出，产业结构对中国城镇化建设具有显著的正向影响。本节分析时，采用第三产业比重来近似表示产业结构指标，因此，第三产业的发展水平是影响中国城镇化质量水平至关重要的因素之一。

首先，第三产业的发展直接推动城市基础设施发展。发达国家经济与社会的发展历程已经证明，工业化和城市化是实现现代化不可逾越的阶段。工业和城市都必须依赖交通运输、邮电通信、商业、饮食、金融、保险、文教卫生等部门和行业（即第三产业）所提供的基础设施和社会服务来生存和发展。尤其是城市的发展跟第三产业的关系表现得更为直接，第三产业发展越快，城市建成区面积和其他各项基础设施建设的速度也越快。改革开放以来，第三产业迅速发展，在一定程度上促进了城市基础设施的发展，进而也促进了中国城市化的进程。

其次，第三产业消化吸纳大量劳动力，促进了人口的城镇化。从世界经济发展历史看，不管是哪个国家，城市化水平都随第三产业发展而提高，愈是发达的国家，第三产业吸纳的劳动力愈多，产值占国内生产总值的比重愈大。第三产业发展不仅对于农村剩余劳动力的转移意义深远，对于工业富余劳动力的安置同样重要。第三产业的发展不仅是消化吸收大量劳动力加速人口城市化进程的需要，也是促进第一、二产业结构调整加快发展的需要。

最后，第三产业的发展促进都市现代文明程度的提高。由于第三产业对城市基础设施的投入，尤其是对科教文卫基础设施的大量投入，使城市的现代教育和科学技术中心、文化艺术活动中心、政治中心的地位得到进一步的巩固和加强。使城市居民最先获得现代科学技术的教育，最先获得先进文化和艺术的熏陶，最先享受民主政治所赋予的各种权利。城市化不仅是人口的城市化，人们物质生活的城市化，更应该包括高度发达的精神文明建设及高水平的市民科学文化素质和思想道德素质建设，加快第三产业发展在这方面所起的作用是无法估量的。

城镇化与第三产业的发展存在一定的正相关关系。城镇化水平越高，第三产业发展程度也就越高，城镇化水平较低，表明第三产业不太发达。一方面，发展第三产业，必须依托城镇化。第三产业的地位和作用是不断变化的，在工业化的后期，第三产业对国民经济的贡献会逐渐大于第二产业，对农村向城镇集聚的要求也高于第二产业。只有城镇化才能促进第三产业的繁荣和发展。另一方面，没有城镇化，第二、三产业就失去了发展空间和载体。城镇化与相关产业本当融为一体，没有产业支柱的城镇化是没有什么意义的，也是发展不起来的。因为没有产业支持，城镇的人口就很难充分就业，就没有足够的收入，就很难刺激消费，而没有消费就没有再生产。发达国家城镇化与第三产业的相关系数一般为0.8，而中国2002年城镇化与第三产业的相关系数则为1.16，中国城镇第三产业比重也明显高于农村第三产业比重。

第十章

县域城镇化

——有效固化人口实现乡村振兴

一、研究背景与意义

2022年，国家发布《关于推进以县城为重要载体的城镇化建设的意见》，提出顺应县城人口流动变化趋势，引导人口就地城镇化。总结提炼并检验我国现阶段的人口流动规律，对于推进县域城镇化具有重要的指导意义。

乡村振兴战略和县域城镇化发展是解决“三农”问题、改变现有农村空心化问题，进而破解城乡二元结构的重要契机。县域城镇化发展究竟是否会出现以后城镇化发展过程中对农村劳动力的虹吸效应？县域城镇化发展过程中，怎样有效地优化农村劳动力流向，提升农村人力资本，并合理固化农村劳动力？这些问题是摆在我们面前的重要研究课题。

（一）乡村振兴的关键难点在于农村劳动力大量流失

要实现乡村振兴必须解决农村空心化问题，要解决空心化问题首先要解决人口过度流失问题，只有保证农村建设各方面人才充足，才能推动农业农村的跨越式发展和实现农业农村现代化，真正实现乡村振兴国家发展战略。

乡村振兴的关键难点在于解决农村劳动力流失和农村去空心化问题。在研究不同层级的教育对农村劳动力引流和固化问题之前，需要首先摸清中国人口流动的大致规律，对全国农村劳动力流动的时间规律和空间差异进行分析，进而以县域为研究视角，分析县域范围内是否会出现城市收缩现象（即劳动力虽然未流出县域范围，但是存在着县域内部的局部收缩与城市局部萎缩问题）。这些问题的研究需要基于县域 POI 大数据、夜间灯光数据、人口时空大数据，并应用空间地理信息系统进行时空匹配分析，筛选出人口流失型县域，并比对出县域内人口收缩规律。在充分占有数据的基础上，研判劳动力流动的时空规律以及县域人口收缩情况，为合理匹配不同层级教育资源提供支撑。

（二）县域城镇化是有效固化农村人口的关键第三极

发展中小城市和小城镇对于乡村振兴具有重要意义：一是县域作为由乡村到城市过渡的中间环节，有助于农村劳动力就近固化，服务本地发展；二是有助于通过发展乡镇企业，为农村劳动力提供产业支撑；三是能够缩小城乡之间的收入差距，赋予农村劳动力“市民”过渡身份；四是可以借助中小城市和小城镇与乡村空间距离较近的优势，将中小城市已经成熟的基础设施、公共服务及公共管理延伸覆盖至乡村，促进城乡基本公共服务均等化。综上所述，城乡融合发展对于重塑城乡关系，推进乡村振兴战略的实施，推动中小城市和小城镇的发展具有重要意义。

（三）教育固化人力资本是城县乡融合发展的着力点

通过普及教育和提高教育质量，尤其是推进教育公平和区域教育均等化，可以促进人力资本进一步提升。教育是分不同层次的，一般意义上可以划分为基础教育、职业教育、高等教育，在国家双创战略下，创新创业教育也愈加重要，对于培育农村劳动力创业思维，发展乡镇企业，为农村劳动力提供就近就业场所具有重要意义。因此，本研究将教育划分为基础教育、职业教育、高等教育和创业教育四种层级。这四种层级的教育在提升农村人力资本水平、引导农村劳动力流向和有效固化农村劳动力方面存在明显的差异，需要系统研究和测度不同层级的教育在固化农村劳动力方面的各自优势和效用水平，进而将四种层级的教育在“城—县—乡”三级空间上进行合理匹配。

我国改革开放以来，乡镇经济在国家经济格局中起起伏伏，但始终以其强大的生命力在国民经济中占据一席之地。针对广泛存在于我国县域层面的乡镇经济，我国一些研究者提出了不同于西方传统二元经济学理论的三元经济结构理论，认为我国存在着乡村、县域、城市三元并立的经济结构。那么，基于我国独特的三元经济结构，传统的人口流动理论和模型势必无法准确刻画我国人口流动规律。因此，需要构建符合中国三元经济结构国情的人口流动理论和模型，从而更加真实地刻画出我国人口流动规律，进而更好地指导县域城镇化。“乡—县—城”人口三级流动模型对我国破解城乡二元结构具有较为现实的意义，主要体现在以下三个方面：第一，为引导城市过剩人口向乡村回流提供了有益的思路，有助于打破目前乡村振兴缺少人力资本支撑的尴尬局面。第二，为城市尤其是大中城市人口过剩问题提供了解决方法，有助于缓解目前广泛存在于城市地区的资源紧张、公共服务不足、交通拥挤、房价高企、就业困难等城市病。第三，有助于实现城乡之间人口分布格局的再平衡，解决大量农民工进城所导致的一系列社会问题，维护社会稳定局面。

二、模型与实证检验

（一）构建人口三级流动模型

本研究基于中国人口流动国情，对托达罗总量迁移模型进行修正，构建人口三级流动模型。用公式表达如下：

$$M_{RU}=f\left(Y_{RU}\right), f'>0 \quad (式 10–1)$$

$$Y_{RU}=U\times\pi_U-R-(S_U-S_R) \quad (式 10–2)$$

M_{RU}表示从农村迁入城市的人口数量，Y_{RU}表示从农村迁入城市的净收益，U表示城市平均收入，R表示农村平均收入，π_U表示在城市的就业概率，S_U表示在城市生活的成本，S_R表示在农村生活的成本，生活成本包括日常消费支出、住房支出和教育支出等。

$$M_{RC}=f\left(Y_{RC}\right) \quad (式 10–3)$$

$$Y_{RC}=C\times\pi_C-R-(S_C-S_R) \quad (式 10–4)$$

M_{RC}表示从农村迁入县城的人口数量，Y_{RC}表示从农村迁入县城的净收益，C表示县城平均收入，R表示农村平均收入，π_C表示在县城的就业概率，S_C表示在县城生活的成本，S_R表示在农村生活的成本，生活成本包括日常消费支出、住房支出和教育支出等。

$$M_{CU}=f\left(Y_{CU}\right) \quad (式 10–5)$$

$$Y_{CU}=U\times\pi_U-C\times\pi_C-(S_U-S_C) \quad (式 10–6)$$

M_{CU}表示从县城迁入城市的人口数量，Y_{CU}表示从县城迁入城市的净收益，U表示城市平均收入，C表示县城平均收入，π_U表示在城市的就业概率，π_C表示在县城的就业概率，S_U表示在城市生活的成本，S_C表示在县城生活的成本，生活成本包括日常消费支出、住房支出和教育支出等。假设：$U>C>R$，$S_U>S_C>S_R$。

（二）实证检验结果及结论

本研究基于中国 29 个省份第六次和第七次人口普查数据，利用迭代式 SUR 模型，对人口三级流动模型进行实证检验，通过对检验结果的分析得到如下结论。

第一，人口三级流动模型整体拟合性较好，能够较好地刻画我国现阶段人口流动规律，我国的人口流动确实存在着与“乡—县—城”三元经济结构相对应的“乡—县—城”人口三级流动。

第二，收入差距在城乡、县乡、县城三个维度的人口流动中均具有正向的推动作用，尤其是在从县域到城市的人口流动中推动作用显著。

第三，流入地的就业概率对于人口流动起到正向的吸引作用，人民会倾向于向就业状况良好的地区流动。

第四，在农村拥有的财产可以通过为“进城者”提供容错空间激励农村人口向县域和城市流动。

三、政策建议

（一）缩小收入差距是有效固化县域劳动力的关键

我们通过研究发现，收入差距在从县域到城市之间的人口流动中具有巨大的推动作用，也即目前我国县域居民与城市居民之间的较大收入差距会推动县域人口向城市流动，进而阻碍县域人口在本地实现城镇化。所以，必须采取措施提高县域居民收入水平，缩小县域和城市之间的收入差距。

第一，提高劳动报酬在初次分配中的比重。劳动报酬是我国居民群众收入的主要来源，近年来，我国劳动报酬在初次分配中占比有所提高，但仍然有较大的提升空间。可采取的具体措施包括但不限于：完善政府、工会、企业共同参与的工资协商机制，积极推进工资集体谈判，积极保护劳动者的利益诉求，增加劳动者特别是一线劳动者报酬；完善企业薪酬调查和信息发布制度，健全最低工资标准调整机制，加强对农民工工资支付的保障；发展县域经济，推动县域第一二三产业融合发展，丰富县域经济业态，拓展县域居民增收空间。

第二，着力提高低收入群体收入、不断扩大中等收入群体。我国低收入群体具有规模大、水平低的特点，广泛存在于我国的县域层面。根据《2021年中国统计年鉴》数据，大龄低学历就业群体是我国低收入群体的主力军。针对大龄低学历就业人员需要健全就业公共服务体系、终身职业技能培训制度，不断提高其增收创收的能力。中等收入群体工资性收入占比较高，生活成本却居高不下，抵抗风险能力较弱，容易滑出中等收入群体、跌入低收入群体之中。因此，需要采取措施保护中等收入群体，如：扩大优质就业岗位数量，提高就业稳定性和就业质量；提高基本公共服务均等化程度，减轻家庭在住房、教育、育幼、医疗、养老等方面的支出负担；多渠道增加财产性收入，拓宽依靠合法动产和不动产获得收益的渠道。

（二）扩大就业机会是增强县域就业吸引力的核心

上述研究结果已经表明，就业概率是吸引人口流入的积极因素。所以，要引导人口在县域进行就地城镇化，必须着力提高县域居民的就业概率，扩大就业机会，稳定人们的就业预期。

第一，发挥中小微企业的就业吸纳作用。量大面广的中小微企业是扩大就业的重要力量。从数量规模看，截至2021年末，全国企业数量达到4842万户，其中99%以上都是中小企业。从吸纳能力看，中小企业提供了80%以上的城镇就业岗位。所以，发挥中小微企业的就业吸纳能力对于扩大县域居民的就业机会具有重要意义。具体措施包括但不限于：通过现金补贴、税收减免、贷款优惠等政策鼓励中小微企业吸纳就业；建立健全就业信息流通机制，建设多样化的就业招聘渠道，精准对接就业供需。

第二，支持灵活就业。根据政府数据，2021 年全国快递小哥、外卖骑手、网约车司机等灵活就业人员达 2 亿人，所以灵活就业已经成为扩大就业机会的重要途径。建议采取相关政策措施以支持鼓励灵活就业，如：保障灵活就业人员基本权益，完善灵活就业人员参与城乡居民基本养老保险的政策，建立健全平台灵活就业人员职业伤害保障制度；合理支持互联网平台经济及其他新业态新模式，创造更多的灵活就业岗位。

（三）发展职业教育是就地固化县域劳动力的重要手段

我们通过研究发现，教育对于“乡—县—城”三级人口流动具有一定程度的固化作用，尤其是职业教育的培养方向与流动人口主要从事的非正规部门相契合，发展职业教育可以帮助流动人口提高职业能力，进而助力流动人口提高就业概率和收入水平。发展职业教育，也有利于扭转我国的结构性就业矛盾。由于劳动力供给与需求不匹配，我国目前以及未来一段时期都将面临着就业难与招工难并存的两难局面，其本质就在于部分劳动者技能不足、技能型人才短缺。

此外，和其他类型的教育相比，职业教育在农村专业人才培养方面具有突出优势，一方面接受职业教育的学生中有相当比例来自农村，为培养乡村人才提供了“天然土壤”，学生进入工作之后也更容易带动乡村的发展；另一方面就应用型人才培养而言，其培养逻辑、路径相通，职业教育的育人经验可以应用于乡村人才培养。职业教育应充分发挥其育人功能，与当地农业产业示范区、农业高科技园区、乡村振兴综合试验区、特色村镇、高效农业经营主体等开展合作，共建一批“产、学、研、创”一体化实践教学基地，助力我国乡村人才振兴目标的实现。

发展职业教育，要明确职业教育的最优边界。职业教育内容要区分于普通高等教育，而与当地发展特色紧密联系。同时，职业教育也并不一定下到乡村就是最优。教育资源本身是一个需要优化配置的稀缺资源，职业教育分布过于分散、规模过小，并不利于优质人力资本的培养。因此，发展职业教育在一定程度上应集聚于县域层面，打造符合当地特色与需求的高质量职业教育。

总之，必须采取针对性的措施以发展县域层面的职业教育，比如：完善终身职业技能培训制度，开展常态化大规模多方式的职业技能提升行动并建立长效机制；完善教育体系，培育职业技术学校，补足职业教育短板，从源头培养技术型人才。

（四）加快推进农村土地制度改革是县域发展的必经之路

本研究发现，以土地为代表的农村财产对农村人口向县域流动具有正向的激励作用。所以，可通过改革农村土地制度，提高农民从土地中可获得的收益，以有效促进农村人口向县域流动，推动县域城镇化。

第一，完善土地征收制度。划定明确的土地征收许可范围，规范土地征收程序，完善被征地农民的权益保障机制，对被征地农村进行合理补偿。

第二，完善集体经营性建设用地入市制度。完善农村集体经营性建设用地产权制度，明确农村集体经营性建设用地入市途径，建立健全市场交易规则和服务监管制度，建立城乡统一的建设用地规划管理制度。

第三，探索农村宅基地所有权、资格权、使用权“三权分置”，研究资格权的内涵、认定主体、标准、程序、确权方式、权能、保障形式、退出方式等，探索放活使用权的主体、范围、对象、用途、年限、方式、收益分配机制等，探索盘活利用闲置宅基地和闲置农房的办法。

参考文献

［1］德内拉·梅多斯，乔根·兰德斯，丹尼斯·梅多斯．增长的极限（珍藏版）．机械工业出版社，2013：238–245.

［2］Romer，PM.Endogenous technological change.Journal of Political Economy，1990（98）：71–102.

［3］Hospers，G–J.CreativeCitiesinEurope：Urban competitiveness in the knowledge economy，2003（5）：260–269.

［4］BDerudder，MHoyler，PJTaylor，FWitlox.International Handbook of Globalization and World Cities.EdwardElgar，2012：56–63.

［5］辜胜阻，王敏．智慧城市建设的理论思考与战略选择［J］．中国人口·资源与环境，2012（5）：74–80.

［6］辜胜阻．论国家信息化战略［J］．中国软科学，2001（12）：5–10.

［7］杨再高．智慧城市发展策略研究［J］．科技管理研究，2012（7）：20–24.

［8］蒋建科．智慧城市建设别陷入更大信息孤岛［N］．人民日报，2012–05–21.

［9］钱大群．以世博为契机推动智慧城市建设［N］．学习时报，2010–05–31.

［10］钱振明．当代城市问题挑战传统城市管理［J］．苏州大学学报（哲学社会科学版），2004（6）：12–17.

［11］IBM 发布“智慧的地球”战略［J］．计算机与网络，2009（Z1）：5.

［12］王丽．青岛市建设“智慧城市”的思考［J］．中国信息界，2011（6）：27–28.

［13］史璐．智慧城市的原理及其在我国城市发展中的功能和意义［J］．中国科技论坛，2011（5）：97–102.

［14］IBM 商业价值研究院，智慧地球赢在中国［EB/OL］．2009. 02，http：//www–900. ibm. com/innovation/cn/think/downloads/smart_China pdf.

［15］杨清霞．怎样迈向智慧城市［J］．决策，2009：12.

［16］张福生．物联网：开启全新生活的智能时代［M］．山西：山西人民出版社，2010.

［17］梁勇．数字城市建设与管理［M］．北京：中国农业大学出版社，2005.

[18] 倪鹏飞. 中国城市竞争力报告 [M]. 北京：社会科学文献出版社，2003.
[19] 钱志新. 大智慧城市：2020 城市竞争力 [M]. 南京：江苏人民出版社，2011.
[20] 宋涛，郭迷. 城市可持续发展与中国绿色城镇化发展战略 [M]. 北京：经济日报出版社，2015.
[21] 宋涛. 中国可持续发展的双轮驱动模式：绿色工业化与绿色城镇化 [M]. 北京：经济日报出版社，2015—2020 年城市竞争力 [M]. 南京：江苏人民出版社，2011.
[22] 秦成逊，王荣荣. "两山论" 视域下西部生态环境竞争力提升研究 [J]. 昆明理工大学学报（社会科学版），2019，19（3）：40–45.
[23] 杨美勤，唐鸣. 习近平 "两山论" 的四重逻辑 [J]. 科学社会主义，2019（6）：87–92.
[24] 杨莉，刘海燕. 习近平 "两山" 理论的科学内涵及思维能力的分析 [J]. 自然辩证法研究，2019，35（10）：107–111.DOI：10.19484/j.cnki.1000–8934.2019.10.018.
[25] 齐骥. "两山" 理论在乡村振兴中的价值实现及文化启示 [J]. 山东大学学报（哲学社会科学版），2019（5）：145–155.
[26] 张森年. 习近平生态文明思想的哲学基础与逻辑体系 [J]. 南京大学学报（哲学·人文科学·社会科学），2018，55（6）：5–11.
[27] 马勇，郭田田. 践行 "两山" 理论：生态旅游发展的核心价值与实施路径 [J]. 旅游学刊，2018，33（8）：16–18.
[28] 刘磊. 习近平新时代生态文明建设思想研究 [J]. 上海经济研究，2018（3）：14–22+71.DOI：10.19626/j.cnki.cn31–1163/f.2018.03.002.
[29] 张孝德. "两山" 理论：生态文明新思维新战略新突破 [J]. 人民论坛，2017（25）：66–68.DOI：10.16619/j.cnki.rmlt.2017.25.028.
[30] 卢宁. 从 "两山理论" 到绿色发展：马克思主义生产力理论的创新成果 [J]. 浙江社会科学，2016（1）：22–24.DOI：10.14167/j.zjss.2016.01.008.
[31] 倪鹏飞. 中国城市竞争力与基础设施关系的实证研究 [J]. 中国工业经济，2002（5）：62–69.
[32] 李妍，朱建民. 生态城市规划下绿色发展竞争力评价指标体系构建与实证研究 [J]. 中央财经大学学报，2017，364（12）：130–138.
[33] 周亮，车磊，周成虎. 中国城市绿色发展效率时空演变特征及影响因素 [J]. 地理学报，2019，74（10）：2027–2044.
[34] 李健，李彦霞，张杰. 三大城市群绿色竞争力指数测度及演化分析 [J]. 统计与决策，2022，38（20）：93–97.
[35] 王少剑，黄永源. 中国城市碳排放强度的空间溢出效应及驱动因素 [J]. 地理学

报，2019，74（6）：1131-1148.

[36] 江三良，贾芳芳. 数字经济何以促进碳减排：基于城市碳排放强度和碳排放效率的考察［J］. 调研世界，2023（1）：14-21.

[37] 禹湘，陈楠，李曼琪. 中国低碳试点城市的碳排放特征与碳减排路径研究［J］. 中国人口·资源与环境，2020，30（7）：1-9.

[38] Chen, J., Gao, M., Cheng, S. Hou, W., Song, M., Liu, X., Liu, Y., Shan, Y.（2020）. "County-level CO_2 emissions and sequestration in China during 1997 - 2017." Scientific Data, 7, 391.

[39] 逯进，王晓飞，刘璐. 低碳城市政策的产业结构升级效应：基于低碳城市试点的准自然实验［J］. 西安交通大学学报（社会科学版），2020，40（2）：104-115.

[40] 徐敏，姜勇. 中国产业结构升级能缩小城乡消费差距吗？［J］. 数量经济技术经济研究，2015，32（3）：3-21.

[41] 陈硕，高琳. 央地关系：财政分权度量及作用机制再评估［J］. 管理世界，2012（6）：43-59.

[42] 岳书敬，邹玉琳，胡姚雨. 产业集聚对中国城市绿色发展效率的影响［J］. 城市问题，2015（10）：49-54.

[43] 武红. 中国省域碳减排：时空格局、演变机理及政策建议——基于空间计量经济学的理论与方法［J］. 管理世界，2015（11）：3-10.

[44] 孟雪，李玲玲，付本臣. 国外儿童友好城市规划实践经验及启示［J］. 城市问题，2020（3）.

[45] 朱峰. "新一线城市" 青年友好型城市政策创新研究［J］. 中国青年研究，2018（6）.

[46] 窦晓璐，约翰·派努斯，冯长春. 城市与积极老龄化：老年友好城市建设的国际经验［J］. 国际城市规划，2015，30（3）.

[47] Ravestein, E.G.The Laws of Migration［M］. Journal of Statistical Society, vol.151, no.1385, 1976, pp.289-291.

[48] LeeES.Atheory of migration［J］.Demography, 1966, 3（1）: 47-57.

[49] FloridaR, The Economic Geography of Talent［J］.Annals of the Association of American Geographers, 2002, No.4, pp.743-755.

[50] 德科集团，谷歌公司（Google），欧洲工商管理学院（INSEAD）.2020 年全球人才竞争力指数报告［R］.2020-02-12.

[51] 杨卡. 中国超大城市人口集聚态势及其机制研究：以北京、上海为例［J］. 现代经济探讨，2014（3）：74-78.DOI：10.13891/j.cnki.mer.2014.03.004.

[52] 牛文元. 智慧城市是新型城镇化的动力标志［J］. 中国科学院院刊，2014，29

（1）：34–41.
［53］仇保兴. 智慧地推进我国新型城镇化［J］. 城市发展研究，2013，20（5）：1–12.
［54］邱爱军. 中国城镇化发展与智慧城市的建设［J］. 低碳世界，2012（5）：14–15.
［55］章光日. 从大城市到都市区：全球化时代中国城市规划的挑战与机遇［J］. 城市规划，2003（5）：33–37+92.
［56］奥斯瓦尔德·斯宾格勒. 西方的没落［M］. 齐世荣，田农，译. 北京：商务印书馆，2001：199.
［57］保罗·E. 彼得森. 城市极限［M］. 罗思东，译. 上海：上海人民出版社，2012：27–30.
［58］乔尔·科特金. 全球城市史［M］. 王旭，等译. 北京：社会科学文献出版社，2014：233.
［59］杰里米·里夫金. 第三次工业革命：新经济模式如何改变世界［M］. 张体伟，孙豫宁，译. 北京：中信出版社，2012：232.［5］戴维·奥斯本，彼得·普拉斯特里克. 再造政府［M］. 谭功荣，刘霞，译. 北京：中国人民大学出版社，2014：161–164.［6］魏伟，刘畅，张帅权，等. 城市文化空间塑造的国际经验与启示：以伦敦、纽约、巴黎、东京为例［J］. 国际城市规划，2020（3）：77–86，118.
［60］理查德·佛罗里达. 创意阶层的崛起［M］. 司徒爱勤，译. 北京：中信出版社，2010：49–76.
［61］赵峥. 我国社会结构的趋势变化及治理创新政策［J］. 中国发展观察，2021（Z2）：81–84.
［62］李利文. 中国城市更新的三重逻辑：价值维度、内在张力及策略选择［J］. 深圳大学学报（人文社会科学版），2020（6）：42–53.
［63］斐迪南·滕尼斯. 共同体与社会：纯粹社会学的基本概念［M］. 林荣远，译. 北京：北京大学出版社，2010：45.
［64］叶阿忠，邢晓卫，陆峰. 金融集聚能促进绿色产业发展吗？［J］. 北京航空航天大学学报（社会科学版），2022，35（6）：121–133.
［65］刘伟. 以绿色产业推动城镇化高质量发展的路径研究［J］. 经济纵横，2022（4）：116–121.
［66］何继新，张浩南. 绿色建筑产业服务新型城镇化建设：需求因应、嵌入空间与策略选择［J］. 企业经济，2018（12）：13–19.［4］张贡生. 中国绿色城镇化：框架及路径选择［J］. 哈尔滨工业大学学报（社会科学版），2018，20（3）：123–131+2.
［67］蓝庆新，刘昭洁，彭一然. 中国新型城镇化质量评价指标体系构建及评价方法：基于 2003—2014 年 31 个省市的空间差异研究［J］. 南方经济，2017（1）：111–

126.
[68] 王怡睿，黄煌，石培基. 中国城镇化质量时空演变研究［J］. 经济地理，2017，37（1）：90–97.
[69] 高顺成. 城镇化质量评价指标体系分析［J］. 地域研究与开发，2016，35（3）：33–39.
[70] 王祖山，张欢欢. 我国城镇化发展质量评价体系的构建与测度［J］. 统计与决策，2015（12）：49–51.
[71] 吕丹，叶萌，杨琼. 新型城镇化质量评价指标体系综述与重构［J］. 财经问题研究，2014（9）：72–78.
[72] 朱洪祥，雷刚，吴先华，等. 基于预警指标体系的城镇化质量评价：对山东省城镇化质量评价体系的深化［J］. 城市发展研究，2011，18（12）：7–12.
[73] 陈鸿彬. 农村城镇化质量评价指标体系的构建［J］. 经济经纬，2003（5）：90–92.

后　记

城镇化是现代化的必由之路，是我国最大的需求潜力所在，对推动经济社会平稳健康发展、构建新发展格局、促进共同富裕都具有重要意义。党的十八大以来，以习近平同志为核心的党中央明确提出实施新型城镇化战略，提出走以人为本、四化同步、优化布局、生态文明、文化传承的中国特色新型城镇化道路。党的二十大又再次将中国的城镇化战略提到了新的高度。

为此，深入研究“新型城镇化”的理论框架和评价体系，为我国各地区的城镇化发展状况做一个“体检”，以期发现问题和研究对策，就显得非常重要。基于此，北京师范大学新型城镇化研究课题组从 2021 年到 2023 年，召开了多次内部讨论会和跨界专家集体讨论会，对《中国新型城镇化发展理论与评价研究》稿件进行了反复讨论和修订，现在终于完成。

首先要感谢北京师范大学经济与资源管理研究院张琦教授、陈浩教授、关成华教授等在新型城镇化课题的研究方面，给予了课题组大力的支持和帮助，保障了课题的顺利进行。国务院发展研究中心赵峥研究员对报告给予了极大的帮助与指导，对研究的理论框架、指标体系、结论观点、数据引用、行文措辞等提出了极为宝贵的修改意见，在此表示感谢！

我还要向为本课题付出智慧与劳动的同学们表示感谢。他们全力以赴、高效努力，在课题研究中做出了巨大贡献。张丹阳硕士、王雨硕士、王二丹博士、王鹏燕硕士在数据搜集处理、文献梳理、稿件撰写、文稿修改校对等方面做了大量的工作，各位同学也在课题的研究中得到了锻炼和提升。在报告初稿完成之后，课题组组织了多次讨论和修改，最后由宋涛副教授统筹定稿。

我们有决心在北京师范大学的支持下，持续不断地推进新型城镇化研究，为我国城镇化发展提供自己的微薄之力！由于水平有限，不足之处在所难免，请广大读者批评指正！我们也会在未来的研究中继续努力，充分吸取各位专家的意见，力争为国家持续提供高水平的研究成果！

宋涛

2023 年 1 月